대학생이 만드는

# 사회봉사론

# 대학생이 만드는
# 사회봉사론

서대석·오봉욱 공저

동문사

# 머리말

현재 많은 대학에서 사회봉사를 필수과목으로 운영하고 있습니다. 취업 중심의 교과과정을 운영하다 보니 부득이 인성 교육을 담당할 과목이 필요하기도 하고, 과거 스펙 중심의 채용기준에서 대학 생활 중 '경험'을 강조하는 분위기로 바뀌는 것과 무관치 않아 보입니다.

사회봉사는 다분히 실천적이고 현장 중심 교과목입니다. 즉, 이론이 아닌 실습 중심의 교과목이라 할 수 있습니다. 따라서 학생들이 사회봉사활동을 통해 성숙한 민주시민의 자세를 배우고 익힐 수 있다면 교육 목적을 달성했다고 할 수 있을 것입니다.

문제는 사회봉사현장의 상황과 수준이 매우 다양하기 때문에 어디서 어떤 경험을 했는가에 따라 교육 목적의 달성 정도가 달라질 수 있습니다. 부득이 학교에서 기본적인 이론 교육을 시키지 않을 수 없으며 이를 위한 교재가 있어야 합니다.

시중에 나와 있는 사회봉사 교재는 학생들을 위한 것이라기보다는 가르치는 사람의 입장에서 작성된 것이 대부분입니다. 다분히 이론적이며 내용도 많고 지나치게 전문적입니다. 사회봉사과목은 교재를 토대로 시험을 보는 경우는 드물기 때문에 학생 스스로 교재를 보고 공부하기가 애매합니다. 사실상 학생들이 참고할 만한 교재라고 보기 어려운 것입니다. 반면, 교재 없이 학생들을 지도할 경우 사회봉사 준비 및 진행과정에서 수많은 시행착오를 겪게 됩니다. 유사한 사유로 학생들에게 반복적인 안내를 해줘야 할 경우가 생기기 마련입니다.

이 같은 딜레마 상황을 겪으면서 생각한 것은 학생들을 위한 교재를 만드는 것이었습니다. 사회봉사를 하면서 반드시 필요한 것들만 간추려서 최대한 쉽고 간결할 필요가 있습니다. 무엇보다도 학생들 스스로 교재를 보게 해야 합니다. 어차피 교재에서 시험을 출제하지 않는 이상 학생들이 스스로 교재를 보지 않을 것입니다. 그렇다면 자연스럽게 교재를 보게 하는 방법이 필요합니다. 그러기 위해서는 부담이 가지 않고 쉽고 재미있어야 하고 그 과정에서 사회봉사에 필요한 지식과 자세를 익힐 수 있어야 합니다. 추가적으로 교재에 자신의 생각이나 느낌, 그리고 봉사기록을 작성할 수 있다면 더 좋을 것입니다.

본 교재는 이 같은 문제의식에서 만들어진 것입니다. 본 교재는 사회봉사가 무엇이며 왜 필요한지, 학생들이 기본적으로 알고 있어야 할 사항은 무엇인지 등을 간략하고도 쉽게 이해하도록 정리했습니다. 무엇보다도 사회봉사와 친해지고 즐겁게 참여할 수 있도록 중간 중간에 OX 퀴즈나 그리기, 낙서하기, 채워 넣기 등의 참여코너를 많이 수록했습니다. 즉 활자 위주의 딱딱한 이론서 느낌이 아닌 워크북이나 탐구생활과 같은 느낌의 교재를 만들고자 했습니다.

사회봉사는 재미있고 의미가 있는 체험활동입니다. 교재는 이런 즐거운 느낌의 연장선이 되어야 합니다. 이와 같은 교재는 매우 생소하겠지만 아마도 사회봉사와 같은 실습과목에서는 유용하게 활용될 수 있을 것입니다. 모쪼록 학생들이 본 교재를 활용함으로써 사회봉사를 신나고 즐거운 경험으로 받아들였으면 좋겠고, 담당 교수님들의 애로사항도 다소간 해소되었으면 하는 바람입니다.

2022년 6월

저자 일동

# 차 례

CHAPTER 01

# 사회봉사의 이해

1. 사회봉사의 등장 배경
2. 사회봉사의 개념과 특징
3. 대학 사회봉사의 필요성

# 01 사회봉사의 등장 배경

현대사회는 매우 빠르게 변화하고 있으며 이런 변화에 능동적으로 대응하지 못할 경우 복잡하고 다양한 사회문제로 발전할 수밖에 없습니다. 하나의 사회문제는 또 다른 문제를 낳고 뒤 이어 새로운 형태로 변화 발전하는 특징이 있습니다.

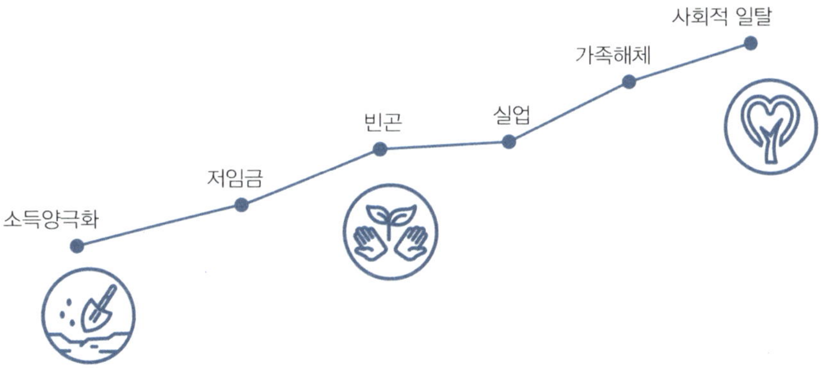


그림 1-1 사회문제의 파생

과거 마을 중심의 지역공동체에서는 상부상조의 정신에 따라 서로 협력하여 다양한 지역문제에 대처할 수 있었습니다. 그러나 현대사회의 문제는 그 종류가 너무 많고 규모가 커졌기 때문에 지역사회 차원에서 해결할 수 있는 수준을 넘어 섰습니다.

다양한 사회문제 해결을 위해 정부는 막대한 예산을 쏟아 붓고 있습니다. 2021년 정부예산 총 555.8조 원 중 보건복지 및 고용분야 예산만 199.9조 원(36%), 공공시설 및 안전에 21.8조 원(3.9%), 환경 분야에 10.5조 원(1.9%) 등 사회문제 해결에 사용되는 예산만 41.8%에 이르고 있습니다. 그러나 사회문제는 더욱 확대되고 커지고 있는 실정입니다.

이 같은 현대사회의 변화와 문제는 각종 시민사회단체의 등장 및 성장을 초래했다고 볼 수 있습니다. 복잡하고 다양한 사회문제에 대해 정부의 해결능력이 한계에 봉착했기 때문에 시민 스스로 문제해결에 나섰다고 볼 수 있습니다.

시민은 민주 사회의 구성원이자 권력 창출의 주체로서 권리와 의무를 가지며, 자발적이고 주체적으로 공공 정책 결정에 참여하는 사람을 의미합니다.[1)] 시민은 국가 통치의 대상이자 구성원을 뜻하는 국민과 달리 주체적이고 능동적으로 사회를 이끌어가는 주체라고 할 수 있습니다.

시민활동은 누가 시키지 않아도 주인의식을 갖고 참여하기 때문에 자원 활동의 범주에 속합니다. 대표적인 사람들이 비정부조직인 NPO와 비영리조직인 NGO에서 활동하는 분들입니다.

자원봉사활동 역시 시민활동의 일환입니다. 시민의식이 없거나 부족한 사람이 자원봉사를 열심히 하기는 어렵기 때문입니다. 자원봉사활동은 단순히 어려운 사람을 돕는 것에 그치지 않고 시민의 한 사람으로서 사회에 대한 책임과 의무를 이행하는 것입니다.

사람은 혼자서 살아갈 수 없으므로 자신의 이익만을 위해 살아간다면 사회로부터 소외받을 수박에 없습니다. 따라서 자신의 이익을 추구함과 동시에 공동의 이익을 위해 노력할 필요가 있습니다. 그동안 공익을 위한 노력이 있었기 때문에 오늘날의 사회가 존속할 수 있었던 것입니다. 바로 시민의 한 사람으로서 사회생활에 참여해 왔던 것입니다.

1) 이상수(2006), "Basic 고교생을 위한 사회 용어사전", (주)신원문화사.

우리 사회는 많은 사회문제가 존재하며 이의 해결을 위해서는 국가뿐 아니라 시민사회의 협조가 필수적입니다. 따라서 자원봉사활동은 우리 사회의 필요에 따라 태동하고 발전해 왔다고 볼 수 있습니다.

# 02 사회봉사의 개념과 특징

## 1. 사회봉사의 개념

일반적으로 자원봉사란 '사회 혹은 공공의 이익을 위한 일을 자기의지로 행하는 것'을 의미합니다. 그리고 사회봉사는 '사회문제의 예방과 해결을 위해 사회구성원이 인간존중의 정신과 자유 및 평등과 같은 민주주의 원칙에 입각하여 자발적인 동기에 의해 행하는 공익적 행위'를 의미합니다.

그렇다면 자원봉사와 사회봉사는 다른 개념일까요? 이 두 개념은 큰 차이가 없지만 자원봉사가 실천하는 사람의 자발성에 초점을 맞추었다면 사회봉사는 실천 장소나 대상에 강조점을 두는 경향이 있습니다.

그림 1-2 자원봉사의 어원

예컨대, 누가 시키지 않았지만 스스로 원해서 가족이나 친구 그리고 주변사람들에게 도움을 주었다면 자원봉사라고 할 것입니다. 그러나 이런 활동은 시민의식에 입각해서 시민사회의 필요와 요구에 맞추었다기보다는 개인적이고 사적인 활동으로 간주될 것입니다. 그 보다는 사회의 유지와 발전 또는 사회문제의 해결과 같은 사회공동체의 필요와 요구에 맞추어 자발적으로 수행한 활동이라면 이는 사회봉사의 개념에 가까워질 것입니다.

그러나 자원봉사의 개념 속에는 사회의 공동선이나 이타심의 구현과 같은 사회적 차원의 의미도 내포하고 있기 때문에 개념적인 구분보다는 사용처 또는 사용의도에 따라 구분하는 것이 일반적입니다. 즉, 중·고등학생들의 진학에 필요한 봉사점수나 대학에서 봉사활동에 따라 부여받는 학점 그리고 취업 시 가산점을 받는 등 가시적인 보상이 따라오는 자원봉사활동을 사회봉사로 명명하기 시작했습니다.

그런데 자원봉사의 중요한 특징은 자발성과 무보수성이라고 할 수 있습니다. 이에 비해 중·고등학교와 대학교 그리고 일부 직장에서 수행하는 사회봉사는 학점이나 취업 그리고 승진에 유리한 인센티브가 주어집니다. 즉, 순전히 자발적이지도 않고 무보수로 보기도 어렵습니다.

따라서 이 같은 인센티브는 진정한 의미의 자원봉사 정신에 어긋난다는 의견이 있습니다. 반면, 자원봉사 정신을 함양하기 위한 불가피한 선택이라는 주장도 있습니다. 이런 저런 논란이 이어지자 만들어진 개념이 바로 '사회봉사'라고 할 수 있습니다. 이는 기존 자원봉사와는 조금 다르지만 그렇다고 해서 봉사가 아닌 것은 아닙니다. 그 활동으로 인해 누군가가 도움을 받는 것은 사실이니까요.

## 2. 사회봉사의 특징

사회봉사활동을 통해 학점이나 기타 보상이 주어지더라도 사회봉사는 다음과 같은 특징을 가지고 있어야 봉사로서의 의미를 갖습니다.

### 1) '인간 존엄성'에 대한 존중의식

'인간 존엄성' 존중이란 피부색이나 인종, 연령, 성별, 학력, 경제적 수준, 장애유무를 따지지 않고 인간이라는 이유만으로 존중받아야 한다는 것을 말합니다. 예컨대, 이주노동자나 다문화가정 등 외국인에 대한 차별이나 나이가 많다는 이유로 또는 장애인이라는 이유로 무시하는 것은 인간 존엄성 존중과 거리가 있습니다. 전쟁 중에 적국의 환자를 보살피는 의사들의 이야기를 들은 적 있을 것입니다. 이 같은 행동은 정치나 이데올로기에 앞서 인간이 더 소중하다는 의식을 보여주는 대표적인 사례입니다.

### 2) 이타주의(利他主義)가 아닌 자리이타(自利利他)의 정신

이타주의는 자신보다는 타인을 더 생각하는 정신으로서 자기희생정신과 연결됩니다. 그러나 자리이타는 남을 이롭게 하면서 자기 자신도 이롭게 하는 것을 말합니다. 남을 위해 하기 싫고 괴로운 일을 하기는 어렵습니다. 말 그대로 자기희생일 뿐입니다. 봉사활동은 상대방에게 좋으면서도 자신에게도 좋아야 성립이 됩니다. 자신에게 이로운 것이 금전적이고 가시적인 보상만을 의미하지 않습니다. 오히려 심리적·사회적 측면의 이득이라고 할 수 있습니다.

### 3) 사회적 연대감

사회적 연대는 사회통합이라는 말과 비슷합니다. 즉, 사회가 분열되고 흩어지는 것이 아니라 하나가 되어 좋은 일을 함께 나누고 어려울 때 서로 돕는 정신을 말합니다. 일종의 공동체 정신이라고 볼 수도 있습니다. 우리는 모두 혼자서 살아갈 수 없으므로 서로 협력해야 합니다. 서로 협력하려면 내가 가진 것이 많을 때 나누어 주고 없을 때는 도움을 받을 수 있어야 합니다. 지금 비록 건강하고 젊더라도 언젠가 나이가 들고 병이 든다면 다른 누군가의 도움이 절실해질 것입니다. 사회연대 또는 사회통합이 잘된 사회는 생활이 어려운 사람을 돌아보고 돌봐주는 사회일 것입니다.

### 4) 자발성

사회봉사도 자원봉사의 한 형태이므로 자발적으로 봉사에 임해야 합니다. 자발성은 자신의 생각과 의지로 행하는 것이지 외부의 강제에 의해서 어쩔 수 없이 하는 행동이어서는 곤란합니다. 일부에서는 대학에서의 사회봉사가 자발성이 아닌 강제적이라고 말하기도 합니다. 그러나 대학 사회봉사는 의무일 수는 있지만 강제적인 것은 아닙니다. 자발적으로 대학생이 된 이상 대학의 교육 방침과 커리큘럼에 따르는 것은 학생의 본분입니다. 사회봉사는 다른 교과목과 마찬가지로 교육과정의 일부이자 실습 교과목의 일종이라 할 수 있습니다. 전공 실습과 마찬가지로 사회에서 환영받는 역량을 갖추기 위해 노력하는 훈련과정입니다. 역량을 갖추기 위해 자발적으로 학습에 임하듯 사회봉사 역시 학생의 자발적인 노력에 근거를 두고 있습니다. 사회봉사 정신과 역량을 기르는 것은 전공 역량 못지않게 중요한 사회인으로서의 덕목이기 때문입니다.

### 5) 무보수성

무보수성이란 봉사활동을 한 대가로서 금전적 보상을 받지 않는 것을 의미합니다. 만약, 봉사활동을 통해서 금전적 보상이 주어진다면 봉사의 기본 원칙이 무너지기 때문입니다. 봉사활동을 하는 이유는 금전적 보상이 아닌 심리적 만족과 사회적 이득을 얻고자 함입니다. 따라서 봉사기관에서는 연말에 봉사시간에 따른 시상을 하거나 봉사시간을 인증해 주고 있습니다. 일부 기관에서는 교통비나 식대 등 최소한의 경비를 지원해 주기도 하고, 학교 성적이나 직장에서의 승진에 반영되기도 하는데, 이런 것들은 보상 개념보다는 봉사활동을 진작시키기 위한 수단 또는 장치로 봐야 합니다. 쉽게 말해서, 봉사활동에 대한 동기부여 차원이라고 볼 수 있습니다.

## 03 대학 사회봉사의 필요성

대학은 흔히 학생을 가르치는 곳으로만 알고 있습니다. 그러나 대학은 교육뿐 아니라 연구를 하는 곳이자 지역사회에 대한 봉사 기능을 수행하는 곳입니다. 대학은 그 시대가 안고 있는 인간의 문제와 사회문제를 연구하고 가르치는 곳이자 창조적으로 문제를 해결하고자 하는 학문공동체이기 때문입니다(한국대학자원봉사협의회, 2012). 즉, 대학이 존재하는 이유는 인류와 사회에 공헌하기 위한 인재 양성이므로 사회적 책무를 이행하기 위해서는 봉사 기능을 외면할 수 없습니다.

그림 1-3 대학의 기능

대학에서 전공과목이 아닌 사회봉사 교육을 실시하는 이유는 무엇일까요? 여기에는 대학의 교육적 목적도 있지만 대학생 개인에게도 유익한 점이 있으며, 사회의 유지와 발전 차원에서도 중요한 이유가 있습니다.

## 1. 대학의 교육적 차원

첫째, 인간의 존엄성과 가치를 재인식할 수 있습니다. 자신보다 어려운 상황에 놓인 사람들을 만나게 되면서 사회적 약자의 입장을 이해하고 그들을 돕는 일의 중요성을 깨닫게 됩니다.

둘째, 시민의식을 함양할 수 있습니다. 우리 사회는 특정 집단이나 계층이 주도하는 것이 아닌 각성된 시민들의 참여가 필수적임을 인식하고 시민의 한 사람으로서 올바른 생각과 행동을 배울 수 있는 계기가 될 것입니다.

셋째, 문화적 다양성 의식을 향상시킬 수 있습니다. 봉사활동 현장에서는 자신과 다른 연령, 세대, 문화, 의식, 행동을 보이는 다양한 사람을 만나 그들과 소통하게 됩니다. 이 과정에서 다양한 계층의 사람들을 이해하고 소통하는 방법을 익히게 됩니다.

넷째, 성숙한 자아형성 및 리더십을 기를 수 있습니다. 봉사를 통해 다양한 사람을 이해하고 수용하게 되면서 인격적으로 성숙하게 되고 진정한 리더십은 다른 사람을 이해하고 배려하며 포용할 수 있는 것임을 깨닫게 됩니다.

## 2. 대학생 개인 차원

첫째, 학업 만족 및 생활 만족도가 높아질 수 있습니다. 연구에 따르면, 대학에서 자원봉사활동에 참여한 학생이 그렇지 않은 학생에 비해 학교와 일상생활에 만족도가 높게 나타났습니다(진복수·김이영, 2002).

둘째, 봉사활동을 통해 소속감과 연대의식이 형성될 수 있습니다. 인간은 혼자서 살아갈 수 있는 존재가 아니며, 서로 돕고 협력해야 한다는 것을 체득할 수 있습니다.

셋째, 세상을 바라보는 새로운 시각을 얻을 수 있습니다. 교실이 아닌 다양한 삶의 현장을 체험함으로써 이전에 몰랐던 새로운 사실과 우리 사회의 문제점 그리고 해결방안에 대한 자신만의 시각을 얻을 수 있습니다.

넷째, 자신을 보다 잘 이해할 수 있고, 진로 모색에 도움이 될 수 있습니다. 새로운 현장을 접하면서 자신의 장·단점, 잠재력, 관심과 흥미 등을 깨닫고 진로에 대한 구체적인 방향을 정할 수 있습니다.

다섯째, 전공 영역에서 배운 지식과 기술을 실제 현장에 접목해 볼 수 있습니다. 이를 통해 전공 역량을 향상시킴과 동시에 전문적인 봉사활동을 가능케 할 수 있습니다.

여섯째, 대인관계 형성 및 발달에 도움이 됩니다. 봉사활동을 통해 새로운 친구가 생기고 기존 친구들과의 우정을 더욱 돈독하게 유지할 수 있습니다.

## 3. 지역사회 차원

첫째, 대학과 지역사회의 공존 공생 구조가 더욱 견고해질 수 있습니다.

둘째, 지역사회에서 대학 및 대학생들의 역할과 위상이 높아지게 됩니다.

셋째, 유능하고 성숙한 미래 시민이 길러지게 됩니다.

넷째, 젊고 활동적인 봉사자를 지속적으로 양성할 수 있습니다.

다섯째, 세대 간의 벽을 허물고 통합을 이룰 수 있습니다.

'사회봉사' 하면 연상되는 동물이 있나요? **동물이름**을 적어보세요.

어떤 특징 때문에 그 동물이 생각났는지 이유를 적어 볼까요?

글도 좋지만 **그림**으로 표현해도 좋아요.

CHAPTER

# 02

# 사회봉사 Q&A 및 신청방법

1. 사회봉사, 그것이 궁금하다(Q&A)
2. 사회복지자원봉사 인증관리(VMS)
3. 1365 자원봉사포털

# 01 사회봉사, 그것이 궁금하다 (Q&A)

## ◎ 사회봉사 교과목, 수강신청 할까? 말까?

자신이 재학 중인 대학에서 '사회봉사' 교과목이 '교필(교양필수)'이라면 졸업을 위해서라도 수강신청을 해주세요. 단, 졸업 전까지는 꼭 이수해야 한다는 점을 잊지 말기 바랍니다.

학교에 따라서는 '필수'가 아닌 '선택'일 수도 있는데, 사회봉사 관련 기관 및 단체에서 의미 있는 경험을 해보고 싶다면 과목을 선택하여 학점을 채워도 좋습니다. 사회봉사 과목을 이수하면 졸업 후 취업을 위한 이력서 및 자기소개서 작성에 도움이 될 수 있기 때문입니다.

## ◎ 사회봉사 교과목 이수, 취업에 도움이 될까요?

'사회봉사' 교과목을 이수하면 자신에게 어떤 좋은 점이 있을까요? 우선, 대학에서의 봉사활동 경험은 취업하고자 하는 업체 또는 기관의 인사담당자들로부터 좋은 평가를 받게 해줍니다. 예컨대, 헌신성, 협동성, 인내력, 리더십, 공감능력 측면에서 상대적으로 좋은 점수를 받을 수 있습니다. 특히, 봉사활동 내용이 자신의 전공과 연계되어 있고, 전공과 관련된 지식이나 기술 등을 활용했다면 지원자의 전공 역량을 증명할 수 있는 수단이 되기도 합니다. 요즘 취업현장은 학점이나 스펙보다는 '경험'을 중시 여기는 경향이 있습니다. 따라서 자신의 봉사활동경험을 의미 있고 재미있는 스토리(story)로 엮어서 잘 전달할 수만 있다면 서류나 면접 심사에서 큰 도움이 될 것입니다.

## ◎ 사회봉사 교과목 수업 첫날, 출석 안 해도 될까요?

수업 첫날, '담당 교수 소개나 수업 오리엔테이션 등이 진행될 뿐 수업은 없으니 그냥 가지 말자!'라고 말하는 경우가 있는데, 수업 첫날은 꼭 참여하는 것이 좋습니다. 학기 첫날은 사회봉사 교과목 수업에 대한 진행방법(이수시간, 사회봉사활동처 선정기준, 제출서류, 수업방법과 횟수 등)을 설명하기 때문에 매우 중요합니다. 만약, 수업 첫날에 참석하지 않으면 사회봉사는 왜 하는지, 봉사는 어떻게 해야 하는지, 서류는 또 어떻게 작성하고 제출해야 하는지 등을 알 수 없기 때문에 한 학기 내내 고생하게 됩니다.

## ◎ 사회봉사활동처를 어떻게 찾으면 되나요?

사회봉사활동처를 찾는 방법은 두 가지가 있습니다. 하나는 『1365 자원봉사포털(www.1365.go.kr)』이며, 다른 하나는 『사회복지자원봉사 인증관리(www.vms.or.kr)』입니다. 『사회복지자원봉사 인증관리』는 사회복지시설에 한정되지만 『1365 자원봉사포털』은 사회복지 외에도 다양한 형태의 봉사활동이 포함되어 있습니다. 그 외에도 자신이 거주하는 지역의 자원봉사센터와 사회복지사협회 홈페이지를 검색하여 봉사할 곳을 찾을 수 있습니다.

만약, 이런 방법을 시도했음에도 봉사활동기관을 찾지 못했다면 거주지역 내 사회복지시설이나 시민사회단체 등에 직접 전화해서 봉사활동이 가능한지 확인해야 합니다. 이때 유념해야 할 점은 사회봉사활동에 참여하는 사람들은 대학생뿐 아니라 일반인, 중·고등학생 등 매우 많기 때문에 의외로 경쟁이 치열합니다. 봉사할 만한 기관이나 장소는 많아 보일지라도 봉사활동을 하고자 하는 사람들의 신청이 많아 모집인원이 조기에 마감되기도 합니다. 따라서 사회봉사활동처를 미리 확인하고 신청하는 것이 유리합니다.

## ◎ 사회봉사활동처를 선정하면서 무엇을 고려해야 할까요?

사회봉사활동처를 선정할 때 몇 가지를 고려해야 합니다. 자신이 활동하고 싶은 영역과 활동이 가능한 요일 및 시간 등을 먼저 생각해 보아야 합니다. 그리고 자신의 거주 지역과 가까운 위치에 있는지, 자신의 관심 혹은 희망하는 활동내용인지, 자신이 활동할 수 있는 시간과 맞는지를 확인하고, 사회봉사를 하고자 하는 기관 담당자와 직접(방문) 또는 간접(전화 및 메일 등)적인 방법으로 사회봉사활동이 가능한지 꼭 확인한 후 신청해야 합니다.

## ◎ 사회봉사활동은 자신이 시간 날 때 하면 되나요?

사회봉사활동처 선정은 자신이 활동할 수 있는 요일과 시간 등을 정하고 해당 기관 담당자와 논의하여 결정하게 됩니다. 이런 과정을 통해 봉사일정을 정했다면 이후 개인 사정에 따라 활동 요일과 시간을 자유롭게 변경하기가 어렵습니다. 따라서 일정을 정할 때 매우 신중해야 합니다.

간혹, 개인 사정인 이유로 부득이 봉사 일정을 변경해야 할 수도 있습니다. 예컨대, 수업시간이 변경되거나 아르바이트 시간과 겹칠 수도 있습니다. 이 경우에는 봉사하기로 한 기관에 연락해서 정중하게 사정을 설명하고 일정 변경이 가능한지 물어봐야 합니다. 이런 경우는 불가피한 사정이라고 생각할 수도 있지만 봉사 기관 입장에서는 매우 곤란할 수 있다는 점을 유념하면서 처음부터 착오가 없도록 노력해야 합니다.

## ◎ 사회봉사 첫날에 신경 써야 할 것은 무엇인가요?

사회봉사활동처를 선정한 뒤, 자신의 활동 요일과 시간에 맞추어 사회봉사활동처를 방문하게 되는데, 최소한 10분 전에 도착해서 준비하고(시간약속), 사회봉사활동에 어울리는 복장(옷차림)을 갖추어야 합니다. 사전에 교재나 기타 참고자료를 통해서 사회봉사자의 기본적인 자세와 태도를 숙지할 필요가 있습니다. 무엇보다도 봉사기관에 따라서 유의할 사항이 조금씩 다를 수 있으므로 담당자가 전달하는 사항은 잘 메모해두고 기억할 수 있도록 합니다.

## ◎ 사회봉사활동에 참여하려면 필요한 능력과 자격이 있나요?

사회봉사자를 모집하는 기관에서는 공고문에 어떤 봉사활동에 몇 명이 필요하며, 해당 봉사를 하기 위해서 필요한 자격기준을 제시하기도 합니다. 그렇지만 대부분의 기관들이 사회봉사활동을 하고자 하는 대학생에게 특별한 능력이나 자격을 요구하는 경우는 많지 않습니다. 다만, 사회봉사활동내용과 연관된 능력과 자격이 좀 더 있다면 다른 사람보다는 그 활동에 어려움 없이 쉽게 참여할 수 있을 것입니다. 만약 자신이 더 잘할 수 있는 영역의 활동이라면 더 재미있거나 의미가 있지 않을까 싶군요.

### ◎ 사회봉사 담당자가 봉사활동 내용에 대한 설명이 부족하거나 잘 대해 주지 않을 때는 어떻게 하면 좋을까요?

사회봉사 담당자는 봉사활동이 어떤 방식으로 어떻게 진행되어야 하는지 또는 유의사항은 무엇인지 등에 대해 자세하게 설명해 주어야 할 의무가 있습니다. 즉, 사회봉사자들은 기관 입장에서 매우 중요한 인적 자원이라는 인식을 가지고 친절하게 설명해 줄 필요가 있습니다. 그럼에도 사회봉사 담당자가 제대로 설명을 못해 주거나 친절하지 못한 경우가 있는데, 그럴 때는 정중히 양해를 구하고, 자세한 설명을 해주었으면 좋겠다고 표현해 주는 것이 좋습니다. 그러면 담당자는 자신의 태도와 방식을 점검하고 사회봉사활동에 참여하는 사람들과 함께하기 위해 노력할 것입니다.

### ◎ 사회봉사활동에 참여하면서 알게 된 정보(개인, 기관 등)를 친구들에게 말해도 되나요?

사회봉사활동에 참여하면서 기관 및 봉사대상자에 대한 정보를 습득하게 되는 경우가 있습니다. 여기에는 특정 개인을 식별할 수 있는 정보(주민번호, 이름, 전화번호, 주소 등)가 해당됩니다. 이런 정보들은 「개인정보보호법」에 따라 보호받는 것들로서 유출될 경우 법적인 제재와 처벌을 받을 수 있습니다.

그 밖에 봉사하고 있는 기관 입장에서 비밀 준수를 요청한 경우에도 불법적인 내용이 아니라면 가급적 협조해 주는 것이 좋습니다. 정보 공개가 자칫 개인이나 기관(단체)에게 부정적인 영향을 미칠 수 있기 때문입니다. 즉, 주변 사람들에게 널리 알려야 할 사항(봉사자 추가모집, 캠페인 및 후원 참여 등)과 알리지 말아야 할 사항(비밀스런 정보 등)을 잘 구분해서 판단해 주기 바랍니다. 이것을 판단하기 어렵다면 사회봉사 담당자에게 질문하면 됩니다.

## ◎ 사회봉사활동에 참여하면서 사진 촬영을 해도 되나요?

사회봉사활동에 참여하면서 사진 촬영을 하는 경우가 있는데 사회봉사 담당자가 요구했거나 문제 삼지 않았다면 상관없지만 그렇지 않으면 하지 않아야 합니다. 사진 속에 누군가의 얼굴이 드러나면 이는 초상권 위반으로 법적 제재를 받을 수 있는 사안입니다. 경우에 따라서는 얼굴 식별이 되지 않을 수도 있지만 항상 조심할 필요가 있습니다. 그럼에도 불구하고 사진 촬영이 필요하다고 판단된다면 사회봉사 담당자에게 물어보고 진행하시기 바랍니다. 어느 정도 수위에서 촬영이 가능할지에 대해 안내를 해줄 것입니다.

## ◎ 봉사대상자에 대해 주의할 사항은 무엇이 있을까요?

사회봉사활동에 참여하면서 봉사대상자를 만나서 대화할 경우가 있습니다. 이때, 봉사대상자의 이야기에 대해 경청하고 공감하는 자세가 필요합니다. 또한 상대방이 기분 나빠하거나 상처받을 만한 내용인지를 생각하면서 말하거나 질문하시기 바랍니다.

특히, 아동이나 청소년을 대상으로 봉사활동을 할 때는 언행에 각별히 신경을 써야 합니다. 아동이나 청소년들은 상대방의 말과 행동을 쉽게 따라서 배울 수 있기 때문에 욕설이나 깔보는 듯한 말은 좋지 않은 영향을 줄 수 있습니다. 이는 누군가와 전화 통화할 때도 마찬가지입니다. 그리고 봉사활동 중 흡연은 아동이나 청소년들이 배울 수 있으므로 삼가 해야 합니다.

## ◎ 봉사대상자가 과도한 요구나 요청을 하면 어떻게 할까요?

봉사를 하러 온 학생들은 아무래도 착하다는 인상을 주게 됩니다. 그래서 봉사대상자 중에는 학생들에게 과도한 요구를 하는 경우가 종종 있습니다. 학생 입장에서는 이런 요구가 지나치지 않게 느껴질 수도 있지만 요구사항을 들어주다보면 봉사대상자들은 습관이 되어 다른 봉사자에게 똑같은 요구를 남발할 수 있습니다. 따라서 일상적이지 않은 요구를 받았을 때는 스스로 판단하기보다는 사회봉사 담당자와 상의해서 결정하기 바랍니다. 봉사활동에 참여하는 봉사자가 할 수 있는 역할의 한계가 있음을 서로 알아야 서로에게 피해를 주지 않게 됩니다. 특히, 전화번호를 물어보는 경우가 있는데, 기관 관계자가 아니므로 잘 설명하여 정중히 거절하는 것이 필요합니다.

## ◎ 사회봉사활동이 너무 힘들거나 불만이 생기면 어떻게 하면 좋을까요?

봉사활동이 너무 힘들 것 같거나, 실제로 힘든 경우에는 사회봉사 담당자에게 솔직하게 표현해 주세요. 그럼 사회봉사 담당자는 사회봉사활동내용에 대해 힘들어하는 이유와 힘든 이유, 불만 사항 등에 대한 원인을 파악하여 해결할 수 있는 방법을 모색하거나 사회봉사활동내용을 변경, 수정 및 보완할 수가 있습니다. 학생이 표현하지 않으면 사회봉사 담당자는 전혀 예측하지 못하거나 이해하지 못하는 경우가 있기 때문입니다.

### ◎ 사회봉사활동에 참여하면서 보람도 없고, 즐거움도 없는데 어떻게 하면 좋을까요?

사회봉사 담당자는 사회봉사활동이 주는 의미와 기대효과가 무엇인지를 사회봉사활동 참여 학생에게 설명해 주어야 합니다. 그것이 분명히 제시되었을 때 봉사활동에 참여하는 학생들은 보람을 느낄 수 있을 것입니다. 자신의 기대치와 다르면 보람도 없고 즐거움을 느끼기 어려울 것입니다. 학생 스스로 보람과 즐거움을 찾는 방법에 대해 담당자와 봉사 참여자의 고민이 필요합니다. 자신이 생각하는 바가 무엇인지에 따라 보람과 즐거움을 찾을 수도, 아닐 수도 있기 때문입니다.

### ◎ 봉사활동 중 담당직원 또는 봉사대상자와의 갈등관계가 만들어지면 어떻게 할까요?

사회봉사활동을 하는 곳도 사람이 사는 곳이니만큼 갈등과 분쟁이 생길 수 있습니다. 사소한 일로 또는 오해가 생겨서 봉사기관의 직원들이나 봉사대상자와 다툼이 생길 수 있습니다. 예컨대, 과도한 요구와 부탁이 있을 때, 봉사활동 내용이 부담될 때, 상호 간 이해가 부족할 때 갈등 관계는 생기기 마련이죠. 이 경우 각자 자신의 말과 태도 등에 대한 반성적 성찰이 요구되며, 상호 이해가 증진될 수 있도록 노력해야 합니다. 대부분의 갈등은 어느 한쪽만의 일방적 잘못인 경우는 드물기 때문입니다. 상대방이 분명 잘못한 것처럼 느껴지겠지만 자신의 말과 행동은 어땠는지 생각해 볼 필요가 있습니다. 만약 노력했음에도 변화가 없다면 정중히 그만두는 것도 필요합니다. 그리고 다른 사회봉사활동처를 찾아 참여하는 것을 권하고 싶군요.

## ◎ 기관에 따라 사회봉사활동 주의사항은 다를 수 있나요?

사회봉사활동처의 주의사항은 유사하지만 다를 수 있습니다. 활동기관의 주요 사업과 봉사대상자가 다르고, 운영방식에 있어서 차이가 있기 때문입니다. 따라서 사회봉사 담당자의 교육 시 꼭 경청하여 궁금한 사항에 대해서는 질문하여 해결하기 바랍니다.

## ◎ 사회봉사활동을 어떻게 마무리하면 좋을까요?

사회봉사활동을 마무리하면서 학생과 함께했던 봉사대상자와의 관계를 잘 정리하는 것이 매우 중요합니다. 사회봉사 담당자는 매번 함께하는 사회봉사 참여자가 많아서 큰 영향은 받지 않지만, 봉사대상자의 경우에는 상처를 받는 경우도 있습니다. 따라서 사회봉사활동을 마무리하면서 마무리를 위한 시간을 갖는 것은 매우 중요합니다. 그리고 이때 '다음에 만나요!'라고 쉽게 약속하지는 않았으면 합니다. 그것이 누군가에는 또 다른 희망이 될 수 있고, 좌절을 줄 수 있기 때문입니다.

# 02 사회복지자원봉사 인증관리(VMS)

## 1단계 사회복지자원봉사 인증관리 홈페이지 접속

## 2단계 자원봉사자 회원가입하기

## 첫째, 회원가입(약관동의) : 모든 약관에 동의 체크

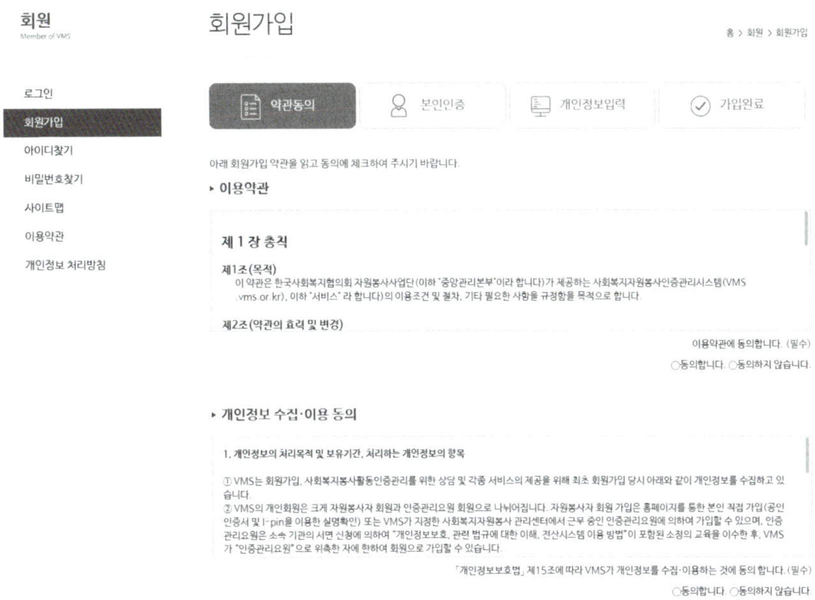


## 둘째, 회원가입(본인인증) : 실명인증 필수

### 셋째, 회원가입 : 개인정보 및 부가정보 입력

| 약관동의 | 본인인증 | **개인정보입력** | 가입완료 |
|---|---|---|---|

▸ **개인정보(필수입력정보)**

| | |
|---|---|
| *성명 | |
| *성별 | 남자 |
| *생년월일 | 년 월 일 ◉양력 ○음력 |
| *아이디 | [ ] 아이디 중복확인<br>※ 4~16자리 이내 (영소문자, 숫자와 혹은 -나 _ 허용, 한글/영대문자/특수문자 제외)<br>※ 아이디에는 주민등록번호, 전화번호 등 개인정보가 노출되지 않도록 유의하시기 바랍니다. |

## 3단계 VMS 자원봉사 신청

### 첫째, 자원봉사 신청은 인터넷과 전화 또는 방문신청으로 구분

▸ 인터넷을 통한 신청

**방법 1.**

[자원봉사자 모집]메뉴에서 본인이 원하는 봉사활동을 조회
↓
봉사참여하기 버튼을 눌러 참여자 리스트에 등록
↓
관리센터나 수요처와 연결
↓
실제 봉사활동에 참여

**방법 2.**

[자원봉사 희망]메뉴에 원하는 자원봉사활동사항을 등록
↓
관리센터나 수요처와 연결
↓
실제 봉사활동에 참여

▸ 전화·방문을 통한 신청

**방법 1.**

[봉사활동처 조회] 메뉴에서 원하시는 관리센터를 조회
↓
관리센터의 자원봉사담당자인 인증관리요원과 전화 상담
↓
실제 봉사활동에 참여

**방법 2.**

자원봉사안내전화 (국번없이) 1688-1090으로 전화
↓
가까운 지역관리본부(시·도사회복지자원봉사관리본부)로 연결되어 전화 상담
↓
실제 봉사활동에 참여

둘째, 상단 메뉴 '봉사신청' 클릭 후 활동지역, 활동분야 검색

셋째, 희망하는 봉사내용 클릭하면 봉사활동 내역 및 담당자 확인 가능하며 봉사신청을 희망하면 왼쪽 상단의 '신청하기' 클릭

## 4단계 VMS 자원봉사 인증서 발급

첫째, 봉사활동을 마쳤으면 학교 제출을 위한 인증서 발급 필요. 인증서 발급 메뉴에서 '자원봉사 인증서 발급하기' 출력 후 제출

온라인확인번호 : 01000001-2012-95621
발 급 번 호 : 2012-95621

## 사회복지 봉사활동 실적 인증서

성 명 :

주민등록번호 :

주 소 :

소 속 :

<자원봉사활동 실적>

- 기 간 : 2006년 07월 31일 부터 2012년 01월 10일 까지
- 시간 및 횟수 : 211시간 30분 / 총 49회
- 봉사활동내용 : 각종행사보조(캠페인,바자회 등) 등

사회복지봉사활동 인증관리규정 제9조 제3항에 따라 위와 같이 자원봉사 활동실적이 있음을 인증합니다.

2012년 01월 30일

한국사회복지협의회장

ⓥ본인증서는 [illegible]에 등록된 실적을 기준으로 인터넷으로 발행 되었습니다.

# 03 1365 자원봉사포털

## 1단계 1365 자원봉사포털 홈페이지 접속

## 2단계 회원가입하기

첫째, 가입동의, 모든 약관에 동의한 후 다음 단계로 진행

둘째, 주민번호 또는 휴대폰으로 실명인증하기

셋째, 회원정보와 부가정보 입력 및 회원가입신청
가입동의
실명인증
14세미만 가입동의
회원정보 입력
◇ 회원정보 (필수입력)
※ 필수 입력 항목입니다.
※이름
※성별
남성 여성
※생년월일
본인 확인을 위한 자료로 이용됩니다.
※아이디
중복조회
6자리 이상 17자리 이내로 입력
※비밀번호
8자리 이상 20자리 미만으로, 영문,숫자,특수문자 1자 이상 필수입력(예:aabb1234$)
※비밀번호 확인
※주소
우편번호 찾기
상세주소 입력
※휴대폰번호
선택
없음
※유선전화번호
선택
없음
※이메일 주소
@
직접입력
없음
※수신동의여부
휴대전화/유선전화 ○ 수신동의 ○ 수신거부
이메일주소 ○ 수신동의 ◉ 수신거부
주민등록번호
※ 정보제공 동의(봉사실적연계)에 따른 주민번호 입력
※보안문자
※아래 이미지의 보안문자를 공백없이 입력해주세요.
106587
새로고침
음성듣기
실명인증
실명인증을 해주세요.
회원가입신청
취소

## 3단계 자원봉사 참여 신청

첫째, 상단 메뉴 중 '봉사참여' 클릭, 등록된 봉사 검색

둘째, 봉사활동 검색 후 희망 봉사내용이 있으면 상단 '신청하기' 클릭

목록 신청하기 ♡ 관심목록 담기

시간인증 독거어르신을 위한 카네이션 효자손(카네이션) 만들기 (모집중)

| | | | |
|---|---|---|---|
| 봉사기간 | 2021.07.16 ~ 2021.07.22 | 봉사시간 | 0시 0분 ~ 23시 0분 |
| 모집기간 | 2021.06.28 ~ 2021.07.15 | 활동요일 | 월,화,수,목,금,토,일 |
| 모집인원 | 30 명 / 일 | 신청인원 | 44 명 |
| 봉사분야 | 기타 > 기타 | 봉사자유형 | 청소년 |
| 모집기관 | 청주시자원봉사센터 상세정보 | 등록기관 | 충청북도 청주시 |
| 봉사장소 | 각 가정(비대면 활동) | 봉사대상 | 아동·청소년 |
| 첨부파일 | 카네이션 효자손 만드는 방법.hwp 카네이션 만들기(포스터).jpg 카네이션 활동결과보고서양식.hwp | | |

○ 활동명: 카네이손 만들기 (3시간 인정)

○ 활동기간: 7월

- 신청접수: 6. 28.(월) ~ 7. 15.(목)
- 키트배부: 7. 16.(금) ~ 7. 22.(목)
- 배부시간: 평일 10:00 ~ 17:30, 주말 09:00 ~ 12:00 / 센터 1층 교육장
- 완성품 제출기간: 7. 29.(목) ~ 7. 31.(토)
- 제출시간: 평일 10:00 ~ 17:30, 주말 09:00 ~ 12:00 / 센터 1층 교육장

○ 참여대상: 1365자원봉사포털 청주시 소속 청소년 자원봉사자

○ 참여방법: 1365자원봉사포털 로그인 후 참여신청 (일감명 '카네이손' 검색)

○ 활동방법

- 1인당 1개만 가능 (방문시 5,000원 보증금 지참)
- 신청자에게 카네이션 효자손 만들기 키트 전달(센터에서 배포하며 부모님이 수령 가능)
- 각 가정에서 설명서를 보고 제작(1365 - 카네이손 검색 - 한글첨부파일확인)
- 완성된 카네이션 효자손은 센터로 학생이 직접제출(보증금 5,000원 반환)
- 완성품 제출 후 본인확인 가능한 사진첨부하여 결과보고서 제출( cjjbong@hanmail.net)

★★★ 완성품 제출일이 봉사활동 실적입력일 입니다(3일 중 선택 가능)★★★

셋째, 봉사하고 싶은 날 □ 표시에 V체크한 후 하단 『봉사활동신청』을 클릭

**청소년 경제교실** (모집중)

□ 전체선택

**2017년 8월**

| 일 | 월 | 화 | 수 | 목 | 금 | 토 |
|---|---|---|---|---|---|---|
| | | 1 | 2 | 3 | 4 | 5 |
| 6 | 7 | 8 | 9 | 10 | 11 | 12 |
| 13 | 14 | 15 | 16 | 17 | 18 | 19 |
| 20 | 21 □<br>모집중<br>모집인원 : 0/12명 | 22 □<br>모집중<br>모집인원 : 0/12명 | 23 □<br>모집중<br>모집인원 : 0/12명 | 24 □<br>모집중<br>모집인원 : 0/12명 | 25 □<br>모집중<br>모집인원 : 0/12명 | 26 □<br>모집중<br>모집인원 : 0/12명 |
| 27 □<br>모집중<br>모집인원 : 0/12명 | 28 □<br>모집중<br>모집인원 : 0/12명 | 29 □<br>모집중<br>모집인원 : 0/12명 | 30 □<br>모집중<br>모집인원 : 0/12명 | 31 | | |

회원님이 등록하신 정보가 표시 됩니다. 등록된 정보가 정확한지 확인해주세요
연락처가 미 등록된 경우 봉사활동 정보를 받으실 수 없습니다.
※ 휴대폰번호 및 이메일로 봉사활동 정보를 제공 받으시겠습니까?

□ 정보제공 및 수신동의

※ 취소된 봉사신청 내역에 대해 재신청하는 경우 나의 자원봉사 메뉴의 봉사신청내역에서 '신청정보 삭제' 하신 후 신청하세요.

이전 | 선택초기화 | 봉사활동 신청

## 4단계 봉사실적 확인 및 확인서 출력

첫째, 봉사활동을 마쳤으면 학교 제출을 위한 확인서 발급 필요. 봉사정보 메뉴에서 '봉사참여 실적' 클릭, 확인서 출력 후 학교 제출

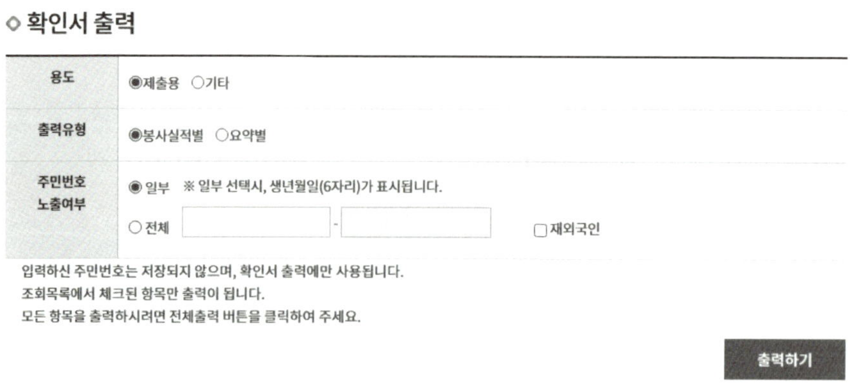

1/2

발급번호 : 2018251742475_76868292 제출용

# 자원봉사활동 확인서

성 명 :

주민등록번호 :

주 소 :

■ 자원봉사 활동시간 : 총 8 시간 0 분

■ 자원봉사 활동횟수 : 총 1회

■ 봉사활동 내용 : 취약계층 지원물품 분류작업 봉사활동

위와 같이 자원봉사 활동에 참여하였음을 확인함

2018년 02월 05일

한국중앙자원봉사센터장

◆ 본 증명서는 인터넷으로 발급되었으며, 자원봉사 포털시스템(www.1365.go.kr) 의 확인서 조회 메뉴를 통해 문서발급 번호 입력으로 내용의 위변조 여부를 확인해 주십시오. 다만 문서 확인 번호를 통한 확인은 발급일로부터 90일까지 가능합니다.

· 발급확인서에 표시된 유관기관의 자원봉사 실적은 자원봉사 포탈 시스템과 연계를 통해 취합된 실적 정보 입니다

2/2

발급번호 : 2018251742475_76868292 제출용

■ 자원봉사 활동실적

| 활동기간 | 봉사시간 | 분야 | 봉사내용 | 봉사실적/실적등록기관 |
|---|---|---|---|---|
| 2017년 02월 22일 | 8시간0분 | 생활편의지원 > 기타 | 취약계층 지원물품 분류작업 봉사활동 | 서울특별시 강서구<br>강서구자원봉사센터 |

◆ 본 증명서는 인터넷으로 발급되었으며, 자원봉사 포털시스템(www.1365.go.kr) 의 확인서 조회 메뉴를 통해 문서발급 번호 입력으로 내용의 위변조 여부를 확인해 주십시오. 다만 문서 확인 번호를 통한 확인은 발급일로부터 90일까지 가능합니다.

· 발급확인서에 표시된 유관기관의 자원봉사 실적은 자원봉사 포탈 시스템과 연계를 통해 취합된 실적 정보 입니다

발급일시 : 2018-02-05 17:40:53 1/2 www.vms.or.kr에서 발행내역을 확인할 수 있습니다.

**온라인확인번호 :** 01000001-2018-2807163

**발 급 번 호 :** 2018-2807163

# 사회복지 자원봉사 실적 인증서

**성 명 :**

**주민등록번호 :**

**주 소 :**

**소 속 :**

**〈자원봉사 실적〉**

**기 간 :** 2017년 02월 22일 부터 2017년 02월 22일 까지

**시간 및 횟수 :** 8시간 0분 / 총 1회

**봉사활동내용 :** 취약계층 지원물품 분류작업 봉사활동 등

사회복지자원봉사 인증관리규정 제9조 제3항에 따라 위와 같이 자원봉사 활동실적이 있음을 인증합니다.

2018년 02월 05일

한국사회복지협의회장

발급일시 : 2018-02-05 17:40:53 2/2 www.vms.or.kr에서 발행내역을 확인할 수 있습니다.

# 봉사자 실적 내역 정보

**성 명 :**

**주민등록번호 :**

**발 급 번 호 :** 2018-2807163

| 봉사일자 | 봉사분류 [상세분류] | 봉사활동내역 | 봉사시간 | 관리센터 [수요처] | 입력자 [연락처] |
|---|---|---|---|---|---|
| 2017-02-22 | 취약계층 지원물품 분류작업 봉사활동 | 취약계층 지원물품 분류작업 봉사활동 (나눔포럼) | 10:00 ~ 18:00<br>[8시간 0분] | 나눔포럼[강서구자원봉사센터] | 1365(나눔포럼)<br>02-714-1365 |
| 총계 : 1 건 | | | | | 8 시간0분 |

본인증서는 VMS.OR.KR에 등록된 실적을 기준으로 인터넷으로 발행 되었습니다.

CHAPTER

03

# 사회봉사와 친해지기

과

# 나를 소개해요

내가 좋아하는 것은?

나의 별명은?

내가 좋아하는 색은?

내가 가장 아끼는 물건은?

내가 생각하는 친구란?

지구에서 여러분의

# 도움이 필요한 사람은?

아래에 사람이나 동물, 기타 모든 것을 적어보세요.

## QUIZ! O · X!

아이큐 200이상만 풀 수 있는

### 자원봉사퀴즈

1. 급한 일이 생겼다. 자원봉사일보다는 내 일이 당연히 중요하므로 하루쯤은 빠져도 상관없다. ( )

2. 기관의 대상자들은 불쌍한 사람들이므로, 동정하는 마음을 갖고 잘해 주려고 노력해야 한다. ( )

3. 자원봉사활동 중 알게 된 대상자의 개인적인 일이나 기관의 비밀을 잘 지켜야 한다. ( )

4. 자원봉사활동 시 적극적이고 책임감 있는 자세로 활동에 임해야 한다. ( )

5. 내가 나의 노력을 들여 열심히 일해 주는 것이므로 그 기관이나 대상자는 나에게 고마워해야 한다. ( )

6. 봉사활동은 남들이 찾아가기 어려운 멀리 있는 곳에 가서, 하기 힘든 일부터 시작하는 것이 좋다. ( )

7. 스스로 보수를 바라지 않고 했다면 친척이나 가족을 위한 활동도 봉사활동이라고 말할 수 있다. ( )

8. 나의 관심사사 무엇이냐 하는 문제는 봉사활동을 할 때 생각해야 할 중요한 사항이다. (   )

9. 자원봉사활동을 하기 위해서는 부모님의 동의와 가족들의 이해가 필요하다. (   )

10. 봉사활동을 하는 분야가 아동과 관련된 분야일 때 내가 아동에 대해 잘 알고 있다면 사전에 교육을 받지 않아도 괜찮다. (   )

11. 자원봉사활동은 자발적으로 하는 것이므로 내가 하기 싫을 때에는 안 해도 된다. (   )

12. 부득이한 사정으로 인해 약속된 날짜, 시간에 봉사활동을 하지 못하게 될 경우 반드시 기관의 담당자나 상대방에게 전화로 연락해야 한다. (   )

13. 도움을 필요로 하는 사람이 원하는 것을 다 해주어야 한다. (   )

14. 봉사활동하는 친구들과 협동하는 일보다는 내가 맡은 봉사활동이 더 중요하다. (   )

15. 봉사활동은 희생하는 정신이 중요하므로 힘든 일이 있어도 선생님께 얘기하는 것보다 혼자 참고 삭이는 게 더 좋다. (   )

16. 자원봉사자는 직원만큼 중요한 위치에 있으므로 기관을 이용하는 주민들에게 공공시설 사용 등에 있어서 양보를 하는 습관을 가져야 한다. (   )

17. 내가 모르는 기관의 직원이나 선생님들에게는 굳이 인사하지 않아도 괜찮다. (   )

출처 : 한국자원봉사문화(http://volunteeringculture.or.kr/archives/576).

**정답**

| | | | | | | | | |
|---|---|---|---|---|---|---|---|---|
| 1. X | 2. X | 3. O | 4. O | 5. X | 6. X | 7. X | 8. O | 9. O |
| 10. X | 11. X | 12. O | 13. X | 14. X | 15. X | 16. O | 17. X | |

# 국내 자원봉사 현황

## 1. 2020년 연령대별 자원봉사활동 현황[2)]

(등록활동 기준일자 : 2020.12.31 단위: 명)

| 연령 | 인구 | 등록인원 | 활동인원 | 인구대비율 | 등록률 | 활동률 |
|---|---|---|---|---|---|---|
| 10대 미만 | 3,970,070 | 51,207 | 10109 | 8% | 1% | 20% |
| 10대 | 4,793,336 | 2,899,514 | 839,845 | 9% | 60% | 29% |
| 20대 | 6,806,153 | 4,703,222 | 383,562 | 13% | 69% | 8% |
| 30대 | 6,873,117 | 1,394,950 | 132,723 | 13% | 20% | 10% |
| 40대 | 8,294,787 | 1,819,170 | 315,456 | 16% | 22% | 17% |
| 50대 | 8,645,014 | 1,671,809 | 281,199 | 17% | 19% | 17% |
| 60대 | 6,744,506 | 1,054,614 | 194,240 | 13% | 16% | 18% |
| 70대 | 5,702,040 | 660,644 | 76,742 | 11% | 12% | 12% |

## 2. 2020년 지역별 자원봉사활동 현황[3)]

(등록활동 기준일자 : 2020.12.31 단위: 명)

| 지역 | 인구 | 등록인원 | 활동인원 | 인구대비 | 등록률 | 활동률 |
|---|---|---|---|---|---|---|
| 서울시 | 9,668,465 | 2,514,283 | 330,010 | 19% | 26% | 13% |
| 부산시 | 3,391,946 | 914,273 | 124,965 | 7% | 27% | 14% |
| 대구시 | 2,418,346 | 693,019 | 111,404 | 5% | 29% | 16% |
| 인천시 | 2,942,828 | 693,730 | 108,030 | 6% | 24% | 16% |
| 광주시 | 1,450,062 | 471,592 | 60,609 | 3% | 33% | 13% |
| 대전시 | 1,463,882 | 457,353 | 76,833 | 3% | 31% | 17% |
| 울산시 | 1,136,017 | 358,302 | 69,584 | 2% | 32% | 19% |
| 세종시 | 355,831 | 70,425 | 17,832 | 1% | 20% | 25% |
| 경기도 | 13,427,014 | 3,737,073 | 503,157 | 26% | 28% | 13% |
| 강원도 | 1,542,840 | 419,989 | 7,895 | 3% | 27% | 19% |
| 충청북도 | 1,600,837 | 387,676 | 75,992 | 3% | 24% | 20% |
| 충청남도 | 2,121,029 | 599,666 | 111,340 | 4% | 28% | 19% |
| 전라북도 | 1,804,104 | 568,423 | 158,490 | 3% | 32% | 28% |
| 전라남도 | 1,851,549 | 543,531 | 98,613 | 4% | 29% | 18% |
| 경상북도 | 2,639,422 | 718,051 | 123,075 | 5% | 27% | 17% |
| 경상남도 | 3,340,216 | 922,201 | 156,466 | 6% | 28% | 17% |
| 제주도 | 674,635 | 185,543 | 29,049 | 1% | 28% | 16% |

2) 1365자원봉사포털, 연도별인구대비현황
3) 1365자원봉사포털, 연도별인구대비현황

## 경찰서에 저금통 놓고 '후다닥'... 게임기 대신 기부한 형제

함박눈 사이로 초등학생 형제가 경찰 지구대 출입문에 종이가방을 내려놓더니 후다닥 서둘러 자리를 떠납니다.

가방 안에서는 100만 원이 넘게 든 돼지저금통 3개와 손편지 2장이 나왔습니다.

기부의 주인공은 13살과 11살인 오경민, 오누리 형제.

편지에는 게임기를 사려고 용돈을 모았는데, 어려운 사람들을 위해 써 달라는 내용이 담겼습니다.

게임기를 사려고 2년 동안 모은 용돈이었지만, 아이들은 더 소중한 나눔의 행복을 얻었습니다.

"(코로나로) 장사가 잘 안 되는 사람이 옛날보다 현재가 더 많을 것 같아서....

2년 동안 모았어요. 그걸 기부하니까 기분이 좋고 행복해요."

출처 : TV조선뉴스(2022.01.04.). 경찰서에 저금통 놓고 '후다닥'... 게임기 대신 기부한 형제.

# 세계 기부 지수

세계 기부 지수(世界寄附指數, 영어 : World Giving Index, WGI)는 영국의 자선 단체 자선지원재단(CAF)과 미국의 여론 조사 회사 갤럽의 조사에 의한 사람 돕기, 기부, 자원 봉사 관련 지수이다. 2010년부터 발표되고 있다.

| 순위 | 국명 | 기부율 | 순위 | 국명 | 기부율 |
|---|---|---|---|---|---|
| 1 | 미얀마 | 65% | 25 | 홍콩 | 43% |
| 2 | 인도네시아 | 60% | 26 | 오스트리아 | 42% |
| 3 | 케냐 | 60% | 27 | 모리셔스 | 42% |
| 4 | 뉴질랜드 | 57% | 28 | 나이지리아 | 42% |
| 5 | 미국 | 56% | 29 | 몽골 | 42% |
| 6 | 오스트레일리아 | 56% | 30 | 싱가포르 | 41% |
| 7 | 캐나다 | 54% | 31 | 쿠웨이트 | 41% |
| 8 | 아일랜드 | 53% | 32 | 도미니카 공화국 | 41% |
| 9 | 아랍에미리트 | 51% | 33 | 스위스 | 41% |
| 10 | 네덜란드 | 51% | 34 | 스웨덴 | 41% |
| 11 | 영국 | 50% | 35 | 이스라엘 | 41% |
| 12 | 시에라리온 | 49% | 36 | 말라위 | 41% |
| 13 | 몰타 | 48% | 37 | 핀란드 | 40% |
| 14 | 라이베리아 | 46% | 38 | 우즈베키스탄 | 40% |
| 15 | 아이슬란드 | 46% | 39 | 이라크 | 39% |
| 16 | 태국 | 46% | 40 | 온두라스 | 39% |
| 17 | 이란 | 45% | 41 | 과테말라 | 39% |
| 18 | 잠비아 | 45% | 42 | 리비아 | 39% |
| 19 | 독일 | 45% | 43 | 코스타리카 | 38% |
| 20 | 노르웨이 | 45% | 44 | 룩셈부르크 | 38% |
| 21 | 덴마크 | 44% | 45 | 키프로스 | 38% |
| 22 | 우간다 | 44% | 46 | 북키프로스 | 37% |
| 23 | 가나 | 43% | 47 | 소말리아 | 37% |
| 24 | 남아프리카 공화국 | 43% | 48 | 사우디아라비아 | 37% |

| 순위 | 국명 | 기부율 | 순위 | 국명 | 기부율 |
|---|---|---|---|---|---|
| 49 | 칠레 | 37% | 85 | 키르기스스탄 | 30% |
| 50 | 타지키스탄 | 36% | 86 | 부르키나파소 | 30% |
| 51 | 네팔 | 36% | 87 | 카자흐스탄 | 30% |
| 52 | 중화민국 | 36% | 88 | 페루 | 30% |
| 53 | 에콰도르 | 36% | 89 | 아프가니스탄 | 30% |
| 54 | 필리핀 | 36% | 90 | 우크라이나 | 29% |
| 55 | 아이티 | 36% | 91 | 코트디부아르 | 28% |
| 56 | 벨기에 | 35% | 92 | 튀니지 | 28% |
| 57 | 파나마 | 35% | 93 | 보츠와나 | 28% |
| 58 | 슬로베니아 | 34% | 94 | 엘살바도르 | 27% |
| 59 | 보스니아 헤르체고비나 | 34% | 95 | 알바니아 | 27% |
| 60 | 우루과이 | 34% | 96 | 가봉 | 27% |
| 61 | 콜롬비아 | 34% | 97 | 몰도바 | 27% |
| 62 | 대한민국 | 34% | 98 | 기니 | 27% |
| 63 | 탄자니아 | 34% | 99 | 차드 | 27% |
| 64 | 북마케도니아 | 34% | 100 | 에스토니아 | 27% |
| 65 | 코소보 | 33% | 101 | 르완다 | 26% |
| 66 | 레소토 | 33% | 102 | 슬로바키아 | 26% |
| 67 | 프랑스 | 33% | 103 | 중앙아프리카 공화국 | 26% |
| 68 | 카메룬 | 33% | 104 | 포르투갈 | 26% |
| 69 | 투르크메니스탄 | 33% | 105 | 폴란드 | 26% |
| 70 | 볼리비아 | 33% | 106 | 멕시코 | 26% |
| 71 | 스페인 | 33% | 107 | 에티오피아 | 25% |
| 72 | 짐바브웨 | 32% | 108 | 이집트 | 25% |
| 73 | 남수단 | 32% | 109 | 토고 | 25% |
| 74 | 요르단 | 32% | 110 | 몬테네그로 | 25% |
| 75 | 브라질 | 32% | 111 | 일본 | 24% |
| 76 | 레바논 | 31% | 112 | 말리 | 24% |
| 77 | 콩고 공화국 | 31% | 113 | 베냉 | 24% |
| 78 | 파키스탄 | 31% | 114 | 그리스 | 24% |
| 79 | 세네갈 | 31% | 115 | 베네수엘라 | 23% |
| 80 | 루마니아 | 31% | 116 | 베트남 | 23% |
| 81 | 인도 | 31% | 117 | 벨라루스 | 22% |
| 82 | 니카라과 | 30% | 118 | 니제르 | 22% |
| 83 | 아르헨티나 | 30% | 119 | 헝가리 | 21% |
| 84 | 이탈리아 | 30% | 120 | 파라과이 | 21% |

## 사회봉사 복장으로 어울리는 것은?

팔 없는 나시

( ○ × )

이유는

반바지

( ○ × )

이유는

롱스커트

( ○ × )

이유는

미니스커트

( ○ × )

이유는

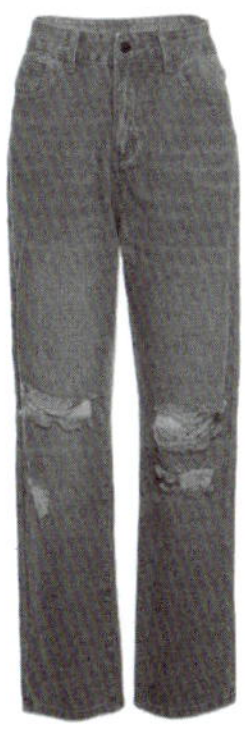

찢어진 청바지

( ○ × )

이유는

면바지

( ○ × )

이유는

레깅스

( ○ × )

이유는

트레이닝 복

( ○ × )

이유는

야구모자

( ○ × )

이유는

털모자

( ○ × )

이유는

등산모자

( ○ × )

이유는

여행모자

( ○ × )

이유는

손목시계

( ○ × )

이유는

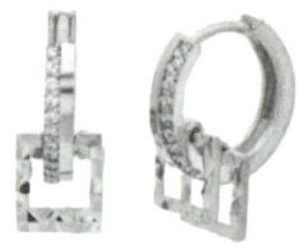

귀걸이

( ○ × )

이유는

목걸이

( ○ × )

이유는

손가방

( ○ × )

이유는

하이힐

( ○ × )

이유는

운동화

( ○ × )

이유는

등산화

( ○ × )

이유는

부츠

( ○ × )

이유는

## 봉사활동 중 행동으로 적절? 부적절?

봉사활동 중
스마트폰 보기

YES (　　)
NO (　　)

사정이 생겼을 때
미리 전화주기

YES (　　)
NO (　　)

봉사기관에서
요청한 청소하기

YES (　　)
NO (　　)

결석, 지각 않기
(시간 엄수)

YES (　　)
NO (　　)

기관 허락 없이
사진 찍기

YES (　　)
NO (　　)

담당자 말을
메모하기

YES (　　)
NO (　　)

봉사활동 중
자기숙제하기

YES (　　)
NO (　　)

봉사활동 중
노래 부르기

YES (　　)
NO (　　)

쓰레기 버린 후
치우기

YES (　　)
NO (　　)

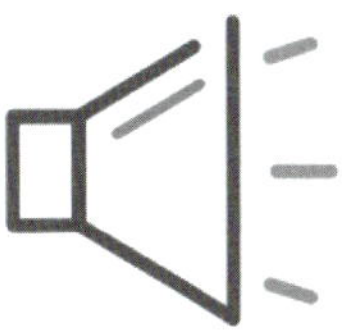

봉사 중 친구들과
크게 떠들기

YES (　　)
NO (　　)

여러분이 중고등학생 30명을 데리고 6박 7일 동안
농촌봉사활동을 가게 되었습니다.
7일 동안 지켜야 할 규칙을 7가지 정해 볼까요!

**봉사활동 규칙**

1 ______________________

2 ______________________

3 ______________________

4 ______________________

5 ______________________

6 ______________________

7 ______________________

여러분이 만약 국내연예인(가수, 탤런트, 배우, 개그맨 등)을 선택하여 봉사활동을 계획할 수 있다면 어떤 사람을 선택하시겠습니까?

**재능과 장점 중심으로 작성해 주세요**

**선정된 사람 및 선정 사유**

①

②

③

## 여러분은 올해 들어 주변 사람들에게 어떤 도움을 주었나요?

| | |
|---|---|
| 부모님께 | 도와주었다. |
| 동생에게 | 도와주었다. |
| 언니(누나)에게 | 도와주었다. |
| 형(오빠)에게 | 도와주었다. |
| 친구에게 | 도와주었다. |
| 선(후)배에게 | 도와주었다. |
| 모르는 사람에게 | 도와주었다. |
| 기타 | 도와주었다. |

# 당신의 봉사능력은 몇점?

사회봉사를 했을 때 가장 자신있는 활동을 적어보세요.

그래프를 활용해 수치를 입력해주세요.

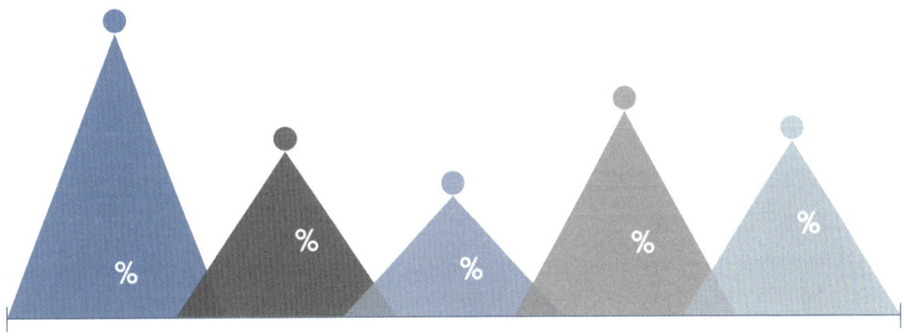


( )능력 ( )능력 ( )능력 ( )능력 ( )능력

ex) 근력(힘), 시력, 청력, 순발력, 판단력, 실행력, 인내력, 관계능력, 공감능력 등

여러분이 가장 자신있는 봉사활동은?

해외봉사를 하게 된다면 어떤 나라에서 어떤 봉사를 하고 싶나요?

## 봉사하고 싶은 국가와 그 이유를 적어볼까요?

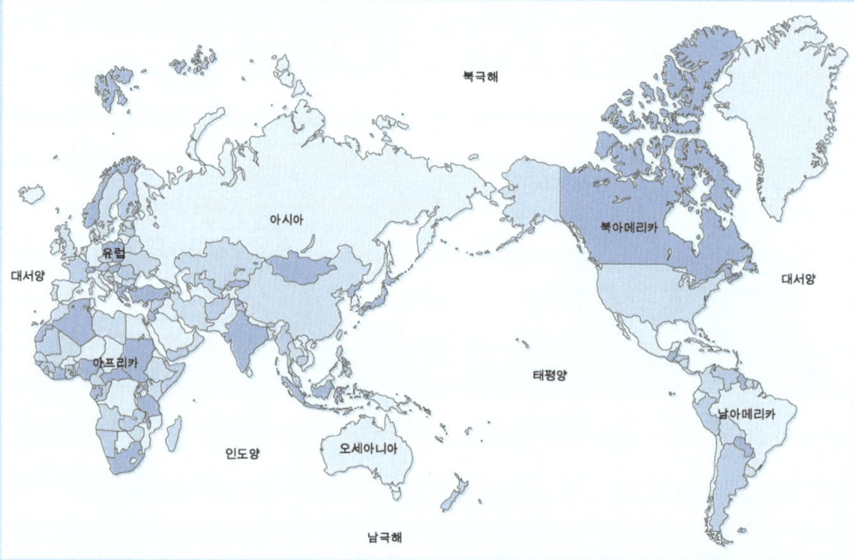


**봉사하고 싶은 국가와 지역:**

**이유는?**

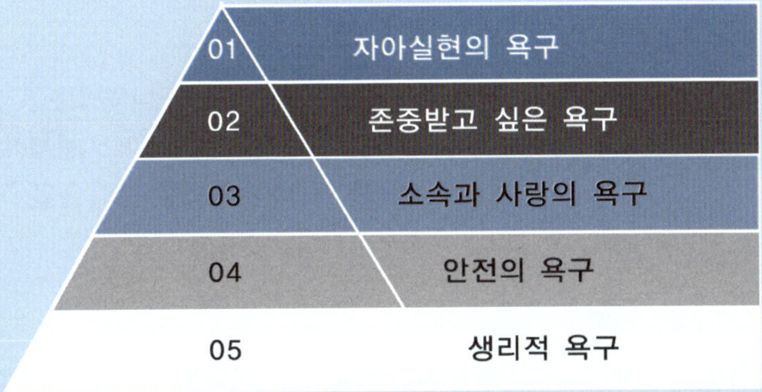


위 그림은 매슬로우의 욕구 5단계를 나타낸 것입니다.
모든 인간은 이 5가지 욕구가 충족되어야 살아갈 수 있다고 보는 이론입니다.
5가지 욕구 충족을 위해 필요한 봉사는 어떤 것이 있을지 적어볼까요?

자아실현의 욕구:

존중받고 싶은 욕구:

소속과 사랑의 욕구:

안전의 욕구:

생리적 욕구:

어느 날 부모님이 아래 그림에 나와 있는 현금을 주시면서 반드시 좋은 일에 사용해야 한다고 말씀하셨습니다. 여러분은 이 돈을 어떻게 사용하시겠습니까?

**사용처는?**

**이유는?**

## 여러분의 전공을 살려서 할 수 있는 봉사는 어떤 것이 있을까요?

전공과 특기를 살린 봉사는 어떤 것들이 있을지 적어보세요~!

| 우리 동아리 장점 | 가능한 봉사 영역 |
| --- | --- |
| | |

이웃사랑과 봉사정신이 투철한 신입 회원을 모집합니다.

| 지원자격 | 신청방법 |
| --- | --- |
| | |

**모집기간**

**연회비** 원

문의 상시 가능 T. E-mail. @

추첨보관권 No. ________

(　　　　　　　)을 위한

# 사랑나눔 바자회

(　　　　　　　)을 위한 기금 마련 바자회에 여러분을 초대합니다. 많은 관심과 성원 부탁드립니다.

**일 시** 20　년　월　일 오전　시 ~ 오후　시

**장 소** (　　　　　　　　)

**문 의** TEL　0 )　－

여러분은 바자회에 어떤 물건을 기탁하시겠습니까?

## 집에서 안쓰는 물건 나누기 캠페인

기탁할 물건을 적어보세요

CHAPTER

04

# 사회봉사자의 자세 및 태도

# 01 사회봉사자의 기본자세

봉사자는 누군가에게 도움을 주는 사람이지만 대가를 바라거나 우월의식을 가져서는 곤란합니다. 봉사자의 도움을 받는 기관이나 서비스 대상자들은 봉사자가 있으면 더 좋겠지만 절대적인 것은 아닙니다.

봉사자는 무언가 시혜를 베푸는 사람이 아니라 봉사를 통해 배우고 느끼며 사람들과 교류할 수 있는 기회를 갖는다는 자세가 필요합니다. 즉, 봉사자나 도움을 받는 측 모두에게 유익을 얻고자 합입니다.

이런 점에서 사회봉사자는 보여지는 모습에 앞서서 스스로 마음가짐을 바르게 할 필요가 있습니다.

## 1. 인간에 대한 이해와 관심

봉사활동에는 업무보조 등 비대면 활동도 있지만 주로 대면적인 활동이 많습니다. 따라서 사람을 만나 소통하고 함께 하는 활동에 거부감이 있다면 상당히 어려움을 겪게 됩니다. 봉사활동은 자신의 선호나 기호에 따라 선택할 수 있는 것이기보다는 있는 그대로 수용하고 관심을 보여주는 행위라고 할 수 있습니다. 따라서 봉사대상자에 대해 충분히 이해하고 관심을 가지려는 노력이 전제되어야 합니다.

## 2. 편견이나 선입견 극복

봉사자가 장애인이나 노인 또는 저소득계층 자녀들을 대할 때 선입견을 가지고 있으면 봉사활동에 방해가 될 수 있습니다. 진심어린 봉사를 하지 못하고 상대방을 피하게 되기 때문입니다. 따라서 봉사대상자를 만나기에 앞서서 선입견을 갖고 있지 않는지 스스로 점검하고, 있다면 이를 극복하기 위한 노력이 필요합니다.

## 3. 인간에 대한 예의

봉사자가 봉사현장에서 만나는 사람들은 노인이나 장애인과 같은 서비스대상자뿐 아니라 시설(기관) 직원, 동네 주민, 중·고등학교 사회봉사 학생, 다른 대학 사회봉사자 등 매우 다양합니다. 이들 모두 존중받아야 하는 대상들이며, 예의의 기본은 '상대방 입장에서 생각하는 것'입니다. 다시 말해서 자신이 당해서 싫은 말과 행동은 하지 말아야 합니다. 상대방에게 예의를 가지고 대하지 않으면 자신도 존중을 받을 수 없습니다.

## 4. 배우려는 자세

대학생 사회봉사는 교육적 목적에 따라 수행되고 있습니다. 즉, 봉사활동 자체가 '노동'이 아닌 '교육'이 되어야 합니다. 봉사현장에서 봉사자를 지도 및 관리하는 직원들은 교수를 대신하고 있는 사람들입니다. 따라서 지도와 관리를 담당하고 있는 직원들의 안내와 지시를 잘 따라주어야 하며, 긍정적인 자세로 임할 필요가 있습니다. 또한 봉사활동은 말이나 글로 다 표현할 수 없는 값진 깨달음의 기회가 될 수 있다는 점에서 많은 것을 배울 수 있습니다. 따라서 활동 하나 하나를 부정적으로 판단하기보다는 그 속에서 의미를 찾으려는 노력이 필요합니다.

## 02 사회봉사자의 태도

사회봉사활동을 하려고 준비할 때 또는 봉사를 하는 과정에서서 무엇을 어떻게 해야 할지 모를 때가 있습니다. 이때 다음의 지침을 참고해 보시기 바랍니다.

① 자신이 관심 있는 일부터 시작한다.
② 자기 주위에 있는 일부터 봉사한다.
③ 상대방의 입장에서 일을 하되 의존심이 생기지 않도록 한다.
④ 활동은 세밀한 계획 속에서 이루어지도록 하며 완성하도록 노력한다.
⑤ 매사에 약속을 지키며 책임 있는 행동을 한다.
⑥ 활동을 점검하고 일의 경과를 보고하고 기록하여 평가 및 발전의 지표로 삼는다.
⑦ 사회봉사자로서 겸손하게 행하며, 항상 배운다는 자세를 갖는다.
⑧ 활동의 한계를 명확히 한다.
⑨ 친절한 마음과 밝은 마음으로 일한다.
⑩ 긍정적이고 협력적인 자세로 임한다.
⑪ 활동 중에 알게 된 내용은 비밀을 지킨다.
⑫ 단정한 옷차림과 타인을 배려한 언어, 행동을 하도록 한다.
⑬ 아름다운 인간애를 항상 지니도록 한다.
⑭ 더불어 사는 공동체를 건설하는 한 일원으로 노력한다.

다음으로 자원봉사 1365에서는 사회봉사자의 자세를 다음과 같이 제시하고 있습니다.

첫째, 책임감으로서, 사회봉사는 자발적으로 하는 활동이므로 스스로 책임감을 가지고 주어진 일에 최선을 다해야 한다.

둘째, 성실성으로서, 사회봉사는 효율과 효과적인 활동결과를 가져올 수 있도록 업무를 수행하는 것으로 각 활동내용을 미리 점검하고 활동내용은 기록해 두는 습관이 필요하다.

셋째, 약속이행으로서, 사회봉사는 사회봉사자와 봉사를 받는 사람, 담당기관의 약속인 만큼 이를 충실히 이행하려는 자세가 필요하다.

넷째, 상대방의 입장에서 보는 관점으로서, 사회봉사자는 겸손, 포용, 이해하는 마음을 가지고 상대방의 말을 경청해야 한다.

다섯째, 배우려는 자세로서, 사회봉사자는 자신의 기술이나 인격의 지속적인 성장을 추구하기 위하여, 그리고 봉사하고 있는 사회문제와 서비스를 받는 수혜자로부터 배우고 이해를 넓히려는 노력이 필요하다.

여섯째, 책임과 권한의 한계 설정으로서, 사회봉사는 활동하는 기관의 안내에 따라 활동해야 하며, 활동대상자와 기관이 요구하는 바와 그 가운데 자신이 할 수 있는 것이 무엇인지 적절한 조율을 거쳐 활동하는 것이 필요하다.

일곱째, 비밀준수로서, 사회봉사자는 활동하는 기관이나 대상자에 대한 비밀을 지켜야 한다.

여덟째, 협력으로서, 사회봉사자는 문제해결을 위해 기관, 활동대상자, 사회봉사자와 협력하려는 자세가 필요하다.

CHAPTER

05

# 사회봉사 영역

1. 활동분야별 사회봉사 구분
2. 노인 대상 사회봉사
3. 장애인 대상 사회봉사
4. 아동 대상 사회봉사
5. 청소년 대상 사회봉사

# 01 활동분야별 사회봉사 구분

## 1. 사회복지시설에서의 사회봉사

### 1) 사회복지시설의 이해

사회복지시설은 사회복지 서비스를 제공하는 기관 및 시설을 말합니다. 이때, 사회복지시설 및 사회복지기관은 이용 대상자에 따라 노인시설, 장애인시설, 아동·청소년시설, 노숙인시설과 지원시설, 보호시설, 치료시설, 재활시설, 훈련시설 등으로 분류할 수 있습니다.

### 2) 사회복지시설의 유형과 사회봉사

사회복지시설은 크게 이용시설과 생활(거주)시설로 구분해 볼 수 있습니다. 이용시설은 보호를 필요로 하는 대상자에게 통원하도록 하여 주거서비스 이외의 사회복지 서비스를 제공하는 시설이며, 생활시설은 가정 내에서 욕구가 충족될 수 없는 사람들을 대상으로 주거와 함께 돌봄서비스를 제공하는 시설을 말합니다. 즉, 숙식을 하지 않는다면 이용시설, 숙식을 한다면 생활(거주)시설로 생각하면 됩니다.

이용시설과 생활시설에서의 사회봉사활동은 유사하면서도 다른 점이 있습니다. 즉, 봉사대상자의 건강상태에 따라 사회봉사활동내용이 다를 수 있기 때문입니다. 특히 생활(거주)시설의 경우 봉사대상자가 직접 행위를 하는 데 어려움이 있을 수 있기 때문에 보조할 때 유의사항을 잘

숙지하고 봉사활동을 진행해야 안전사고를 예방할 수 있습니다.

**표 5-1 법령에 따른 사회복지시설 종류**

<table>
<tr><th rowspan="2">관련법</th><th rowspan="2">시설종류</th><th colspan="2">세부종류</th><th rowspan="2">담당<br>부서</th></tr>
<tr><th>생활시설</th><th>이용시설</th></tr>
<tr><td>사회복지사업법</td><td>사회복지관<br>결핵 ·<br>한센시설</td><td>결핵 · 한센시설</td><td>사회복지관</td><td rowspan="5">복지<br>정책과</td></tr>
<tr><td>국민기초생활<br>보장법</td><td>지역자활센터</td><td></td><td>지역자활센터</td></tr>
<tr><td>아동복지법</td><td>아동복지시설</td><td>아동양육시설<br>아동일시보호시설<br>아동보호치료시설<br>자립지원시설<br>공동생활가정</td><td>아동상담소<br>아동전용시설<br>지역아동센터<br>아동보호전문기관<br>가정위탁지원센터<br>다함께돌봄센터</td></tr>
<tr><td>영유아보육법</td><td>어린이집</td><td></td><td>어린이집</td></tr>
<tr><td>노숙인 등의<br>복지 및<br>자립지원에<br>관한 법률</td><td>노숙인시설</td><td>노숙인자활시설<br>노숙인재활시설<br>노숙인요양시설</td><td>노숙인종합지원센터<br>노숙인일시보호시설<br>노숙인급식시설<br>노숙인진료시설<br>쪽방상담소</td></tr>
<tr><td>농어촌주민의<br>보건복지<br>증진을 위한<br>특별법</td><td>복합노인<br>복지시설</td><td colspan="2">농어촌에 지역에 한해 노인복지법 제31조<br>노인복지시설을 종합적으로 배치한<br>복합노인복지시설을 설치 · 운영 가능</td><td rowspan="3">경로<br>장애인과</td></tr>
<tr><td>노인복지법</td><td>노인복지시설</td><td>노인주거복지시설<br>노인의료복지시설<br>학대피해노인전용쉼터</td><td>재가노인복지시설<br>노인여가복지시설<br>노인보호전문기관<br>노인일자리지원기관</td></tr>
<tr><td>장애인복지법</td><td>장애인<br>복지시설</td><td>장애인유형별거주시설<br>중증장애인거주시설<br>장애영유아거주시설<br>장애인단기거주시설<br>장애인공동생활가정</td><td>장애인지역사회재활시설<br>장애인직업재활시설<br>장애인의료재활시설<br>장애인생산품판매시설</td></tr>
</table>

| 관련법 | 시설종류 | 세부종류 | | 담당 부서 |
|---|---|---|---|---|
| | | 생활시설 | 이용시설 | |
| 정신보건법 | 정신보건시설 | 정신요양시설<br>정신재활시설 중 생활시설 | 정신재활시설 중 이용시설 | 보건 정책과 |
| 성매매 방지 및 피해자 보호 등에 관한 법률 | 성매매피해 지원시설 | 일반지원시설<br>청소년지원시설<br>외국인지원시설<br>자립지원공동생활시설 | 자활지원센터<br>성매매피해상담소 | 여성 청소년 가족과 |
| 성폭력 방지 및 피해자 보호 등에 관한 법률 | 성폭력피해 보호시설 | 성폭력피해자보호시설 | 성폭력피해상담소 | |
| 가정폭력 방지 및 피해자 보호 등에 관한 법률 | 가정폭력 보호시설 | 가정폭력피해자 보호시설 | 가정폭력상담소<br>긴급전화센터 | |
| 한부모가족 지원법 | 한부모가족 복지시설 | 모자가족복지시설<br>부자가족복지시설<br>미혼모자가족복지시설<br>일시지원복지시설 | 한부모가족복지상담소 | |
| 다문화가족 지원법 | 다문화가족 지원센터 | | 다문화가족지원센터 | |

## 2. 시민사회 분야의 사회봉사

### 1) 시민사회 활동의 이해

시민사회란 자신이 속해 있는 지역사회에서 정치적, 경제적 권리를 이해하고, 자신의 의사결정을 통해 사회를 변화시킬 수 있도록 주도적인 역할을 하는 시민이 만들어 가는 사회를 의미합니다. 개인의 이익이 아닌 공동의 이익을 추구하는 비영리섹터에 해당됩니다. 시민들이 자율적으로 참여하여 서로 연대하고 사회적 가치를 추구함으로써 공동체 사회를 만들어 가는 활동에 관심을 갖습니다.

이와 관련하여 소비자운동, 환경운동, 인권운동, 보호운동 등 다양한 영역에서 활동이 이루어지고 있으며, 이러한 영역에서 사회봉사활동을 통해 홍보와 인식증진 등의 역할을 수행할 수 있습니다.

### 2) 시민사회 · 환경 분야에서의 사회봉사

비정부 기구(Non-Governmental Organization, NGO)는 정부기관이나 정부와 관련된 단체가 아니라 순수한 민간조직을 총칭하는 말로 다양한 영역의 단체가 활동 중에 있습니다.

국제구호개발 분야의 대표적 NGO에는 '월드비전'이 있습니다. 월드비전은 국제구호, 국제개발을 중심으로, 사랑의 도시락, 위기아동 지원사업과 같은 국내사업, 북한지원사업, 청소년들을 대상으로 지구공동의 가치를 가르치는 세계시민교육 옹호 사업 등을 실행하고 있습니다. 그 외에도 국제구호개발 분야의 NGO에는 '기아대책', '월드투게더', '굿네이버스' 등이 있습니다.

**그림 5-1** 월드비전 홈페이지 메인화면

출처 : 월드비전 홈페이지(https://www.worldvision.or.kr).

환경 분야의 대표적 NGO단체는 '그린피스'가 있습니다. 그린피스는 비영리 글로벌 비폭력캠페인 단체이며, 환경과 관련된 여러 캠페인들을 통해 지구 환경의 목소리를 대변하는 역할을 감당하고 있습니다. 또한 그린피스는 환경파괴를 유발하는 현장을 조사하고, 사람들에게 폭로하여 긍정적 변화를 일으키기 위해 노력하고 있습니다. 그린피스의 목표는 모든 형태의 생물다양성을 보호하고, 환경오염과 남용을 방지하며, 모든 핵위협 종결, 세계평화, 군비 축소, 비폭력을 촉진하는 것입니다. 현재 한국의 그린피스는 동아시아 그린피스에 속하여 활동하고 있습니다. 그 외의 환경 분야의 NGO에는 '기후프로젝트NGO', '그린크로스', 내셔널트러스트 단체 등이 있습니다.

**그림 5-2** 그린피스 홈페이지 메인화면

출처 : 그린피스 홈페이지(https://www.greenpeace.org/korea/).

그리고 사회적 약자의 권리를 되찾을 수 있도록 옹호 활동을 진행하는 '권리 보호 NGO'가 있습니다. 대표적인 인권 보호 NGO로는 '국제 엠네스티(AMNESTY INTERNATIONAL)'가 있습니다. 국제 엠네스티 NGO는 인권을 보호하기 위한 캠페인을 실시하며, 국제 인권기준에 명시된 인권을 모든 사람이 누릴 수 있도록 전 세계 인권실태 조사를 실시합니다. 그리고 인권의 위협에 처한 사람들을 위한 도움과 인권의 존엄성에 대한 교육도 실시하고 있습니다. 그 외에 인권 보호 NGO에는

'국제 아동인권센터'와 '아시아 평화 인권 연대', '인권실천시민연대' 등이 있습니다.

비정부 기구(NGO) 외에도 사회봉사와 관련하여 다양한 협동조합, 사회적 기업 등이 만들어지고 있습니다.

협동조합은 재화 또는 용역의 구매, 생산, 판매, 제공 등을 협동으로 영위함으로써 조합원의 권익을 향상하고 지역사회에 공헌하는 사업조직을 말합니다(협동조합기본법 제2조 제1호). 협동조합은 생산자, 소비자, 근로자, 신용, 보험, 주택, 스포츠 등 다양한 사업과 업무 영역에서 활성화되고 있으며, 자활단체, 돌봄노동, 대안기업, 보훈단체, 사회복지단체 등 사회서비스 분야에서도 활성화되고 있어 일반적인 복지시설의 형태와 약간 차이가 있습니다.

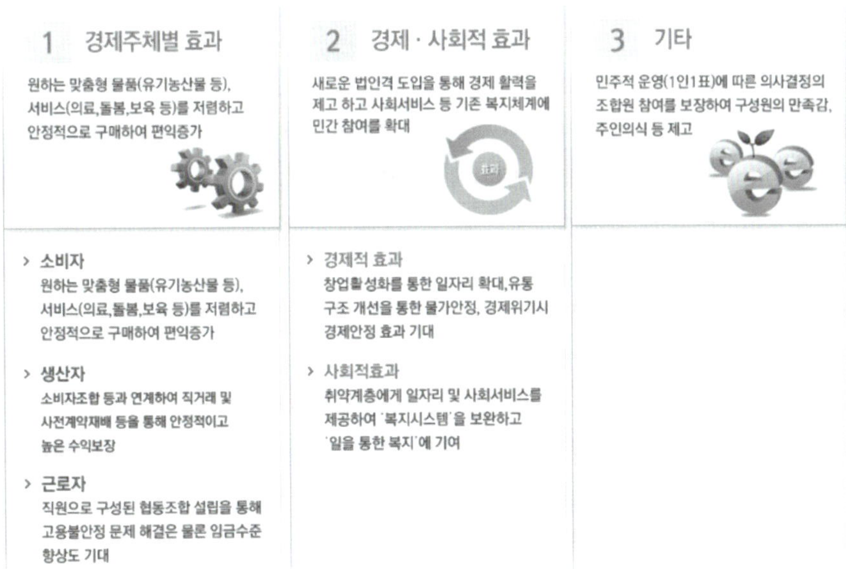


그림 5-3 협동조합의 장점

출처 : 협동조합 대표홈페이지(https://www.coop.go.kr/COOP/).

사회적 기업은 비영리조직과 영리기업의 중간 형태로, 사회적 목적을 추구하면서 영업활동을 수행하는 기업을 말합니다. 다시 말해서 취약계층에게 사회서비스 또는 일자리를 제공하여 지역주민의 삶의 질을 높이는 등의 사회적 목적을 추구하면서 재화 및 서비스의 생산, 판매 등 영업활동을 수행하는 기업입니다(사회적기업육성법 제2조 제1호). 예를 들어, 재활용품을 수거·판매하는 '아름다운 가게', 지적장애인이 우리밀 과자를 생산하는 '위캔', 폐타이어 등 재활용품을 활용하여 만든 악기를 통해 소외계층을 위한 공연을 하는 '노리단', 컴퓨터 재활용 기업 '컴윈', 친환경 건물청소업체 '함께 일하는 세상', 장애인 모자생산업체 '동천모자' 등의 사회적 기업이 활동하고 있습니다.

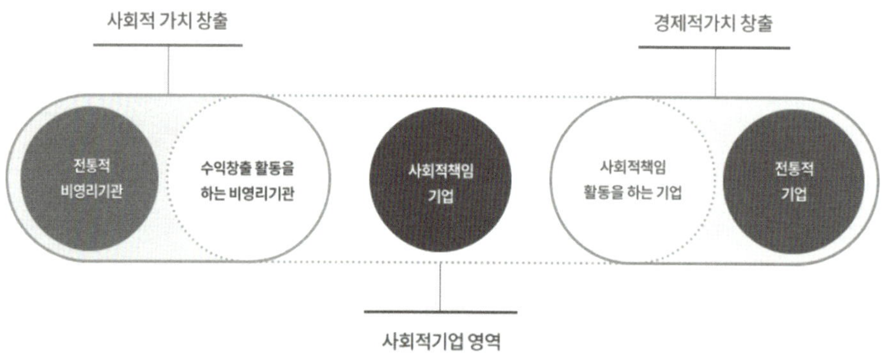


그림 5-4 사회적 기업의 가치

출처 : 한국사회적기업진흥원(https://www.socialenterprise.or.kr/index.do).

# 02 노인 대상 사회봉사

## 1. 노인복지시설의 유형

| 종류 | 시설 | 시설 설치 목적 |
|---|---|---|
| 노인 주거 복지 시설 | 양로시설 | 노인을 입소시켜 급식과 그 밖에 일상생활에 필요한 편의를 제공 |
| | 노인공동 생활가정 | 노인들에게 가정과 같은 주거여건과 급식, 그 밖에 일상생활에 필요한 편의를 제공 |
| | 노인복지 주택 | 노인에게 주거시설을 분양 또는 임대하여 주거의 편의·생활지도·상담 및 안전관리 등 일상생활에 필요한 편의를 제공 |
| 노인 의료 복지 시설 | 노인요양 시설 | 치매·중풍 등 노인성 질환 등으로 심신에 상당한 장애가 발생하여 도움을 필요로 하는 노인을 입소시켜 급식·요양과 그 밖에 일상생활에 필요한 편의를 제공 |
| | 노인요양 공동생활 가정 | 치매·중풍 등 노인성 질환 등으로 심신에 상당한 장애가 발생하여 도움을 필요로 하는 노인에게 가정과 같은 주거여건과 급식·요양, 그 밖에 일상생활에 필요한 편의를 제공 |
| 노인 여가 복지 시설 | 노인 복지관 | 노인의 교양·취미생활 및 사회참여활동 등에 대한 각종 정보와 서비스를 제공하고, 건강증진 및 질병예방과 소득보장·재가복지, 그 밖에 노인의 복지증진에 필요한 서비스를 제공 |
| | 경로당 | 지역노인들이 자율적으로 친목도모·취미활동·공동작업장 운영 및 각종 정보교환과 기타 여가활동을 할 수 있도록 하는 장소를 제공 |
| | 노인교실 | 노인들에 대하여 사회활동 참여욕구를 충족시키기 위하여 건전한 취미생활·노인건강유지·소득보장 기타 일상생활과 관련한 학습프로그램을 제공 |

| 종류 | 시설 | 시설 설치 목적 |
|---|---|---|
| 재가노인복지시설 | 방문요양 서비스 | 가정에서 일상생활을 하고 있는 노인으로서 신체적·정신적 장애로 어려움을 겪고 있는 노인에게 필요한 각종 편의를 제공하여 지역사회 안에서 건전하고 안정된 노후를 영위하도록 하는 서비스 |
| | 주·야간 보호 서비스 | 부득이한 사유로 가족의 보호를 받을 수 없는 심신이 허약한 노인과 장애노인을 주간 또는 야간 동안 보호시설에 입소시켜 필요한 각종 편의를 제공하여 이들의 생활안정과 심신기능의 유지·향상을 도모하고, 그 가족의 신체적·정신적 부담을 덜어주기 위한 서비스 |
| | 단기보호 서비스 | 부득이한 사유로 가족의 보호를 받을 수 없어 일시적으로 보호가 필요한 심신이 허약한 노인과 장애노인을 보호시설에 단기간 입소시켜 보호함으로써 노인 및 노인가정의 복지증진을 도모하기 위한 서비스 |
| | 방문목욕 서비스 | 목욕 장비를 갖추고 재가노인을 방문하여 목욕을 제공하는 서비스 |
| | 방문간호 서비스 | 간호사 등이 의사, 한의사 또는 치과의사의 지시서(이하 '방문간호지시서'라 한다)에 따라 수급자의 가정 등을 방문하여 간호, 진료의 보조, 요양에 관한 상담 또는 구강위생 등을 제공하는 서비스 |
| | 재가노인 지원서비스 | 그 밖에 재가노인에게 제공하는 서비스로서 상담·교육 및 각종 서비스 |
| | 복지용구 지원서비스 | 수급자의 일상생활·신체활동 지원 및 인지기능의 유지·향상에 필요한 용구를 제공하는 서비스 |
| 노인보호 전문기관 | | 시·도지사가 노인보호전문기관을 지정·운영, 노인학대 신고상담, 보호, 예방 및 홍보, 24시간 신고·상담용 긴급전화(1577-1389) 운영 |
| 노인일자리 지원기관 | | 지역사회 등에서 노인일자리의 개발·지원, 창업·육성 및 노인에 의한 재화의 생산·판매 등을 직접 담당하는 노인일자리전담기관 운영 |
| 학대피해노인 전용쉼터 | | 노인학대로 피해를 입은 노인을 일정기간 보호하고 심신치유 프로그램 제공 |

## 2. 어르신을 위한 사회봉사

### 1) 재가노인을 위한 봉사

① 말벗 봉사 : 혼자 외롭게 생활하시는 어르신들에게 말동무가 되어 드리기

② 집안 청소 : 거동이 불편하여 집안 정리가 필요한 어르신 물건 정리 및 청소하기

③ 안부전화하기 : 정서적 지지가 필요한 어르신들에게 전화해주기

④ 밑반찬 배달서비스 : 복지관 등에서 만들어준 밑반찬을 함께 배달해 주면서 따뜻한 말 한마디 건네주기

⑤ 심부름 해주기 : 몸이 불편한 어르신 대신 시장 봐주기, 관공서 또는 은행업무 봐주기, 자녀에게 편지 써주기 등

⑥ 외출 동행 : 집 근처 외출할 때 옆에서 부축해 주고 거들어주기

⑦ 세탁물 배달 : 세탁물 세탁소에 맡기고 찾아주기

⑧ 한글 공부 지원 : 한글을 배우고 싶은 어르신에게 한글 가르쳐주기

⑨ 연탄 배달 : 복지기관 및 단체에서 어르신 대상 연탄 배달을 할 때 옆에서 거들어 주기

⑩ 김장 봉사 : 복지기관 및 단체에서 김장을 담그고 배달할 때 함께 참여하기

⑪ 주거개선사업 지원 : 재가 어르신 가정의 벽지 및 장판 교체, 한파 대비 주거개선 작업에 도움 주기

## 2) 시설 어르신을 위한 봉사

① 시설 환경정리 : 침실, 프로그램실, 거실 등 어르신들이 사용했던 공간 정리정돈 및 청소 지원

② 프로그램 보조 : 사회복지사들이 프로그램 진행할 때 옆에서 보조해 주기

③ 간식 만들기 : 과일이나 과자 만들기처럼 조리가 힘들거나 위험하지 않는 간식을 만들어 제공해 주기

④ 식사 보조 : 몸이 불편하여 식사에 어려움이 있는 어르신들이 식사할 수 있도록 지원하기

⑤ 목욕 보조 : 요양보호사들이 어르신들에게 목욕 서비스 할 때 옆에서 거들어주기

⑥ 이미용 서비스 : 손발톱 다듬기나 머리 빗기 등을 도와주거나 이미용 당시 봉사자들을 지원해 주기

⑦ 병원동행 보조 : 어르신 병원 방문 시 옆에서 부축해 주기 및 진료 수속 등 행정업무 보조해 주기

⑧ 시설 행정업무 지원 : 보호자들에게 발송해 주는 소식지 제작이나 입소 현황 파악 등 행정 담당자 업무 지원해 주기

⑨ 게시판 꾸미기 : 시설 내 게시판을 예쁘게 꾸며주기

⑩ 어르신 말벗 해주기 : 심심해하는 업소 어르신들 이야기를 들어주고 말동무 해주기

### 3) 노인복지관 어르신을 위한 봉사

① 기관 안내 : 복지관 프로그램 및 시설 안내 봉사

② 행사 안내 : 행사장 및 행사 프로그램 안내 봉사

③ 행사 부스 참여 : 행사장 내 전공 영역별 설치된 부스 설치 및 프로그램 진행(예: 페이스페인팅, 건강 체크 등)

④ 노인 체육지도 : 체육관련 전공 학생들이 노인을 대상으로 운동 방법 지도 및 운동 효과 설명하기

⑤ 노인대학 운영보조 : 복지관에서 운영하는 노인대학에서 접수, 안내, 프로그램 보조 역할 수행

⑥ 가정방문 동행 : 사회복지사가 어르신 가정에 방문할 때 동행하여 업무보조하기

⑦ 급식 봉사 : 식재료 손질, 식탁 정리, 식당 청소, 배식, 설거지 등 급식관련 업무보조

⑧ 홍보물 제작 : 각종 행사 및 프로그램 안내를 위한 관내 홍보물 제작 및 부착 도움

⑨ 환경 미화 : 복지관 주변 또는 관내 청소 도움

⑩ 각종 캠페인 동원 : 노인학대예방 또는 노인인식개선을 위한 각종 캠페인 행사에 동참하기

⑪ 프로그램 보조 : 프로그램 강사의 보조 진행자 역할 수행

⑫ 밑반찬 배달 보조 : 복지관 사례관리 또는 노인맞춤돌봄서비스 대상 어르신들에게 제공되는 밑반찬 배달 보조 역할

노인이 된 자기 모습을 상상해서 그려보세요

## 50년 후 내 모습

# 강점찾기 프로젝트

## 어르신의 강점은?

어르신 대상 봉사를 한 학생은 봉사활동 중
만난 어르신의 강점을 꽃안에 적어보세요!

## ◯◯◯ 어르신의 강점 나무

## 03 장애인 대상 사회봉사

### 1. 장애인복지시설의 유형

| 종류 | 시설 | 시설 설치 목적 |
|---|---|---|
| 장애인 주거 복지 시설 | 장애유형별 거주시설 | 장애유형이 같거나 유사한 장애를 가진 사람들을 이용하게 하여 그들의 장애 유형에 적합한 주거지원, 일상생활지원, 지역사회생활지원 등의 서비스를 제공하는 시설 |
| | 중증장애인 거주시설 | 장애의 정도가 심하여 항상 도움이 필요한 장애인에게 주거지원, 일상생활지원, 지역사회생활지원, 요양서비스를 제공하는 시설 |
| | 장애영유아 거주시설 | 6세 미만의 장애영유아를 보호하고 재활에 필요한 주거지원, 일상생활지원, 지역사회생활지원, 요양서비스를 제공하는 시설 |
| | 장애인 단기거주시설 | 보호자의 일시적 부재 등으로 도움이 필요한 장애인에게 단기간 주거서비스, 일상생활지원서비스, 지역사회생활서비스를 제공하는 시설 |
| | 장애인 공동생활가정 | 장애인들이 스스로 사회에 적응하기 위하여 전문인력의 지도를 받으며 공동으로 생활하는 지역사회 내의 소규모 주거시설 |
| 장애인 지역 사회 재활 시설 | 장애인 복지관 | 장애인에 대한 각종 상담 및 사회심리, 교육, 직업, 의료재활 등 장애인의 지역사회생활에 필요한 종합적인 재활서비스를 제공하고 장애에 대한 사회적 인식 개선사업을 수행하는 시설 |
| | 장애인 주간보호시설 | 장애인을 주간에 일시 보호하여 장애인에게 필요한 재활서비스를 제공하는 시설 |
| | 장애인 체육시설 | 장애인의 체력증진 또는 신체기능 회복활동을 지원하고 이와 관련된 편의를 제공하는 시설 |
| | 장애인 수련시설 | 장애인의 문화, 취미, 오락활동 등을 통한 심신수련을 조장, 지원하고 이와 관련된 편의를 제공하는 시설 |

| 종류 | 시설 | 시설 설치 목적 |
|---|---|---|
| 장애인 지역 사회 재활 시설 | 장애인 생활이동 지원센터 | 이동에 상당한 제약이 있는 장애인에게 차량 운행을 통한 직장 출퇴근 및 외출 보조나 그 밖의 이동서비스를 제공하는 시설 |
| | 한국수어 통역센터 | 의사소통에 지장이 있는 청각, 언어장애인에게 한국수어 통역 및 상담서비스를 제공하는 시설 |
| | 점자도서관 | 시각장애인에게 점자간행물 및 녹음서를 열람하게 하는 시설 |
| | 장애인 재활치료시설 | 장애아동을 포함한 장애인에게 언어, 미술, 음악 등 재활치료에 필요한 치료, 상담, 훈련 등의 서비스를 제공하고 서비스를 이용한 자로부터 비용을 수납하여 운영하는 시설 |
| 장애인 직업 재활 시설 | 장애인 보호작업장 | 직업능력이 낮은 장애인에게 직업적응능력 및 직무기능 향상훈련 등 직업재활훈련 프로그램을 제공하고, 보호가 가능한 조건에서 근로의 기회를 제공하며, 이에 상응하는 노동의 대가로 임금을 지급하며, 장애인 근로사업장이나 그 밖의 경쟁적인 고용시장으로 옮겨갈 수 있도록 돕는 역할을 하는 시설 |
| | 장애인 근로사업장 | 직업능력은 있으나 이동 및 접근성이나 사회적 제약 등으로 취업이 어려운 장애인에게 근로의 기회를 제공하고, 최저임금 이상의 임금을 지급하며, 경쟁적인 고용시장으로 옮겨갈 수 있도록 돕는 역할을 하는 시설 |
| | 장애인 직업적응 훈련시설 | 작업능력이 극히 낮은 장애인에게 작업활동, 일상생활훈련 등을 제공하여 기초 작업능력을 습득시키고, 작업평가 및 사회적응훈련 등을 실시하여 장애인 보호작업장 또는 장애인근로사업장이나 그 밖의 경쟁적인 고용시장으로 옮겨갈 수 있도록 돕는 역할을 하는 시설 |
| 장애인의료재활시설 | | 장애인을 입원 또는 통원하게 하여 상담, 진단·판정, 치료 등 의료재활서비스를 제공하는 시설 |
| 장애인생산품 판매시설 | | 장애인 생산품의 판매활동 및 유통을 대행하고, 장애인 생산품이나 서비스와 용역에 관한 상담, 홍보, 판로 개척 및 정보제공 등 마케팅을 지원하는 시설 |

## 2. 장애의 종류 및 기준

| 대분류 | 중분류 | 소분류 | 세분류 |
|---|---|---|---|
| 신체적 장애 | 외부 신체 기능의 장애 | 1. 지체장애 | 절단장애, 관절장애, 지체기능장애, 변형 등의 장애 |
| | | 2. 뇌병변장애 | 뇌의 손상으로 인한 복합적인 장애 |
| | | 3. 시각장애 | 시력장애, 시야결손장애, 겹보임(복시) |
| | | 4. 청각장애 | 청력장애, 평형기능장애 |
| | | 5. 언어장애 | 언어장애, 음성장애, 구어장애 |
| | | 6. 안면장애 | 안면부의 추상, 함몰, 비후 등 변형으로 인한 장애 |
| | 내부 기관의 장애 | 7. 신장장애 | 투석치료중이거나 신장을 이식 받은 경우 |
| | | 8. 심장장애 | 일상생활이 현저히 제한되는 심장기능 이상 |
| | | 9. 간장애 | 일상생활이 현저히 제한되는 만성 · 중증의 간 기능 이상 |
| | | 10. 호흡기장애 | 일상생활이 현저히 제한되는 만성 · 중증의 호흡기기능 이상 |
| | | 11. 장루 · 요루장애 | 일상생활이 현저히 제한되는 장루 · 요루 |
| | | 12. 뇌전증장애 | 일상생활이 현저히 제한되는 만성 · 중증의 뇌전증 |
| 정신적 장애 | 발달장애 | 13. 지적장애 | 지능지수가 70 이하인 경우 |
| | | 14. 자폐성장애 | 소아청소년 자폐 등 자폐성 장애 |
| | 정신장애 | 15. 정신장애 | 조현병, 조현정동장애, 양극성정동장애, 재발성 우울장애, 뇌의 신경학적 손상으로 인한 기질성 정신장애, 강박장애, 투렛장애(Tourette's disorder), 기면증 |

## 3. 장애인을 위한 사회봉사

| 목적 | 목표 | 서비스 | 프로그램 |
|---|---|---|---|
| 자립기능 향상 | 심리적 지지 | 정서적 지원 | • 재활 전화상담<br>• 책 신문 읽어주기, 말벗 |
| | | 심리적 지원 | • 발달장애인 친구 되기<br>• 장애인 홈페이지 운영<br>• 심리재활 프로그램 안내 및 보조 |
| | 사회성 증진 | 사회활동 지원 | • 자폐성 장애인의 대중교통 이용지도 및 보조<br>• 자폐성 장애인의 지역사회시설 이용지도 및 보조<br>• 언어소통을 위한 수화통역<br>• 중증장애인 나들이 보조<br>• 특수학교 장애아동 통학 보조<br>• 시각장애인 길 안내<br>• 운전 사회봉사활동<br>• 장애인 특수장비 보조(휠체어, 목발, 의족) |
| | | 교육 지원 | • 장애아동 학습지도 및 보조<br>• 장애인 컴퓨터 교육<br>• 시각장애인 이동훈련 보조<br>• 직업훈련 보조 |
| | 생활 안정 | 여가 선용 | • 장애아동 발달을 위한 학예활동 지도<br>• 체육활동 지도<br>• 현장학습 및 여가선용 보조<br>• 운동회, 견학 및 야외학습 보조 |
| | | 취업 지원 | • 구인, 구직 개척 및 상담<br>• 구직장애인을 위한 작업지도 및 보조<br>• 장애인 취업재활을 위한 욕구분석 보조<br>• 취업 알선 및 사후 지원<br>• 고용 홍보 보조<br>• 영세가정 장애인과의 결연활동 |
| | | 생활 지원 | • 목욕, 반찬, 가사 지원<br>• 환경미화 / 이·미용 서비스 |
| | | 보호 활동 | • 장애아동 돌보기<br>• 장애인 그룹홈 관리 보조 |
| | | 의료 및 건강 지원 | • 순회 진료, 언어치료 보조<br>• 건강검진 및 병원 이용 안내<br>• 병간호, 신체적 수발<br>• 물리치료 및 재활치료 보조<br>• 건강관리 지도 |

<table>
<tr><th>목적</th><th>목표</th><th>서비스</th><th>프로그램</th></tr>
<tr><td rowspan="4">사회적 지지</td><td rowspan="2">시설 지원</td><td>업무 보조</td><td>• 관련 시설, 단체 업무 보조<br>• 시각장애인을 위한 녹음테이프 제작 보조<br>• 시각장애인을 위한 도서 전산화 작업 보조<br>• 장애아동 학습증진을 위한 학습자료 제작<br>• 장애인 체육대회 보조<br>• 후원자 개발, 관리 보조</td></tr>
<tr><td>기술 지원</td><td>• 설비, 장비 보수 및 환경 관리</td></tr>
<tr><td rowspan="2">사회 환경 조성</td><td>조사 개발</td><td>• 장애인 관련 조사연구 보조<br>• 강연회 개최, 영화 상영, 계몽서 출판<br>• 장애인 주택 개선</td></tr>
<tr><td>캠페인</td><td>• 장애인 관련 각종 행사 및 캠페인 보조</td></tr>
</table>

출처 : 유동철 외(2011), 대학생을 위한 사회봉사의 이해, 경기: 양서원.

# 장애인 상식코너

아래 문제를 읽고 ○×로 답을 작성해 주세요.
(정답 및 해설은 다음 장에 있습니다)

1. 과거에는 장애인을 보호 및 수혜의 대상으로 보는 장애이해에서 최근에는 장애인을 인권 주체로 보자는 장애인권교육으로 패러다임이 변화하고 있다. ( )
2. 미술시간에 가위질이 위험하다고 도우미 친구에게 대신 오려주라고 하는 것은 인권침해라고 볼 수 있다. ( )
3. 학생들 앞에서 "○○는 지적장애인이야"라고 장애명을 말하는 것도 인권침해에 해당된다. ( )
4. 장애학생 대상 학교폭력 징계는 일반 학생 학교폭력 사안에 적용하는 처벌과 같다. ( )
5. 특수교육대상자와 장애인은 동의어로 쓰여도 무방하다. ( )
6. 우리나라 장애인복지법에서는 "지적장애"에서 "정신지체"로 명칭 변경을 하였다. ( )
7. 장애인이라는 표현보다는 장애우라는 표현을 쓰도록 한다. ( )
8. 자폐증은 시간이 소요되긴 하지만 치료될 수 있다. ( )
9. 특수학교에 배치된 장애학생은 모두 중증 장애학생이다. ( )

## 정답 및 해설

1. ( ○ )
2. ( × )
위험하다고 판단하여 가위질을 비장애학생에게 맡기는 것은 장애학생이 스스로 할 권리를 박탈하는 것으로 과잉보호로 인한 참여기회 박탈이다.
3. ( ○ )
4. ( × )
장애학생에 대한 학교폭력 사안의 징계는 비장애학생 학교폭력 사안보다 한 단계 높은 처벌을 적용한다.
5. ( × )
특수교육대상자는 특수교육을 필요로 하는 자로 장애인 등에 대한 특수교육법에 의거하며, 장애인은 장애인복지법을 따른다.
6. ( × )
"지적장애"에서 "정신지체"로 바뀐 것이 아니라 반대로 "정신지체"에서 "지적장애"로 바뀌었다.
7. ( × )
장애우는 벗 우(友)를 사용하여 장애인을 친근하게 부른다는 의미에서 생긴 말이지만 모든 장애인이 친구는 아니다. 즉, 장애인이 바른 용어이고, 그보다 좋은 것은 그 사람의 이름을 불러주는 것이다.
8. ( × )
자폐증은 질병이 아니라 여러 가지 요인으로 인해 발생하는 장애이다. 교육을 통해 사회성이 향상될 수 있으나 치료할 수 있는 것은 아니다.
9. ( × )
특수학교에 다니는 학생 중 경증의 장애학생도 많다. 특수교육대상자의 배치는 보호자의 요구에 따라 결정된다. 특수학교에서는 전공과를 운영하는 곳이 많아 장애학생의 진로·직업 교육에 많은 도움이 된다.

# 소감문 쓰기

유퀴즈 104회 시각장애인 판사편을
보고 느낀점을 써볼까요?

출처 : https://www.youtube.com/watch?v=w_Vrgu1-X-E

# 04 아동 대상 사회봉사

## 1. 아동복지시설의 유형

| 시설 | 시설 설치 목적 |
|---|---|
| 아동양육시설 | 보호대상아동을 입소시켜 보호, 양육 및 취업훈련, 자립지원 서비스 등을 제공하는 것을 목적으로 하는 시설 |
| 아동일시 보호시설 | 보호대상아동을 일시보호하고 아동에 대한 향후의 양육대책수립 및 보호조치를 행하는 것을 목적으로 하는 시설 |
| 아동보호 치료시설 | • 불량행위를 하거나 불량행위를 할 우려가 있는 아동으로서 보호자가 없거나 친권자나 후견인이 입소를 신청한 아동 또는 가정법원, 지방법원소년부지원에서 보호위탁된 19세 미만인 사람을 입소시켜 치료와 선도를 통하여 건전한 사회인으로 육성하는 것을 목적으로 하는 시설<br>• 정서적 · 행동적 장애로 인하여 어려움을 겪고 있는 아동 또는 학대로 인하여 부모로부터 일시 격리되어 치료받을 필요가 있는 아동을 보호 · 치료하는 시설 |
| 공동생활가정 | 보호대상아동에게 가정과 같은 주거여건과 보호, 양육, 자립지원 서비스를 제공하는 것을 목적으로 하는 시설 |
| 자립지원시설 | 아동복지시설에서 퇴소한 사람에게 취업준비기간 또는 취업 후 일정 기간 동안 보호함으로써 자립을 지원하는 것을 목적으로 하는 시설 |
| 아동상담소 | 아동과 그 가족의 문제에 관한 상담, 치료, 예방 및 연구 등을 목적으로 하는 시설 |
| 아동전용시설 | 어린이공원, 어린이놀이터, 아동회관, 체육 · 연극 · 영화 · 과학실험전시 시설, 아동휴게숙박시설, 야영장 등 아동에게 건전한 놀이 · 오락, 그 밖의 각종 편의를 제공하여 심신의 건강유지와 복지증진에 필요한 서비스를 제공하는 것을 목적으로 하는 시설 |
| 지역아동센터 | 지역사회 아동의 보호 · 교육, 건전한 놀이와 오락의 제공, 보호자와 지역사회의 연계 등 아동의 건전육성을 위하여 종합적인 아동복지서비스를 제공하는 시설 |
| 아동보호 전문기관 | 아동 학대 예방을 위한 24시간 긴급 신고 및 상담 전화 운영을 통하여 학대가 의심되는 아동에 대하여 학대를 예방 및 발견하고, 상담 및 보호 · 치료에 관한 활동과 교육 · 홍보 사업을 실시하는 시설 |
| 가정위탁 지원센터 | 위탁 가정 발굴, 가정 위탁 및 대상 아동의 조사, 가정위탁 부모의 교육, 아동 정서 지원 등 아동들이 사랑을 받으며 건강하게 성장할 수 있도록 지원하는 시설 |

## 2. 아동을 위한 사회봉사

| 목적 | 목표 | 서비스 | 프로그램 | |
|---|---|---|---|---|
| 자립 기능 향상(직접봉사) | 심리적 지지 | 정서적 지원 | • 또래상담<br>• 전화상담<br>• 가족과의 상담<br>• 학교부적응아동 상담지도<br>• 문제행동아동 상담지도<br>• 건전한 친구관계 유지<br>• 생활격려 / 심리적 지지 대화<br>• 생일행사 안내 및 지원 | 소외감, 무력감을 예방 및 해소하며 생활의욕을 갖도록 주의를 환기시켜 주는 데 관심을 기울임 |
| | | 심리적 지원 | • 결손가정 아동지도<br>• 요보호아동결연<br>• 실직가정아동 심리·정서지도 | |
| | 사회성 증진 | 교육 서비스 | • 어린이공부방 학습지도<br>• 학습부진아 지도<br>• 어린이 교육프로그램 지도<br>• 어린이 컴퓨터 지도<br>• 아동사회봉사자를 위한 교육<br>• 요보호아동 기능교실 지원 | |
| | | 여가선용 지도 | • 취미교육(미술, 음악, 종이접기, 동화구연, 무용 등)<br>• 동아리활동지도(연극, 영화, 만화, 노래, 댄스, 영어, 문학 등)<br>• 캠프활동 보조<br>• 레크리에이션 지도<br>• 독서지도<br>• 전통문화놀이 지도(사물놀이, 탈춤, 판소리, 서예 등) | 스스로 할 수 있는 방법을 가르쳐 주는 데 관심을 가져야 하며 개개인의 욕구를 충분히 파악한 후 서비스를 연결 |
| | | 사회활동 지원 | • 전시회 및 외출 동행<br>• 농촌활동 지도<br>• 산업시찰 및 역사탐방<br>• 사회복지기관의 프로그램 연계 | |
| | 생활 안정 | 보호활동 | • 방과 후 아동보호지도<br>• 일일위탁모<br>• 영·유아보호시설아동 돌보기<br>• 탁아시설아동 돌보기 | |

<table>
<tr><th>목적</th><th>목표</th><th>서비스</th><th>프로그램</th><th></th></tr>
<tr><td rowspan="7">자립<br>기능<br>향상<br>(간접<br>봉사)</td><td>생활<br>안정</td><td>생활 및<br>가사지원<br>서비스</td><td>• 불우아동 가정 환경미화<br>• 결식아동 무료급식 및 노력봉사<br>• 불우아동가정 도시락 및 밑반찬 전달<br>• 연탄 및 전기사용, 가전제품 사용 등에 따른 안전지원<br>• 이미용 제공<br>• 차량지원<br>• 식사준비 및 취사<br>• 세탁 및 관리<br>• 정리정돈<br>• 생필품 구입<br>• 잔심부름<br>• 시장보기<br>• 음식물 관리 및 보관<br>• 응급지원, 필요사항 파악 및 원조<br>• 기타 실정에 맞는 가사활동 지원</td><td>활동 시 적절한 자료의 사전 파악과 준비 필요함</td></tr>
<tr><td rowspan="3">시설<br>지원</td><td>업무보조</td><td>• 아동단체 및 시설 업무보조<br>• 아동 숙박시설 업무보조</td><td rowspan="3">활동 시 반드시 활동하고자 하는 시설의 특성과 운영체계를 인지한 후 담당 직원과 충분히 활동에 대한 토론을 한 후 활동을 함</td></tr>
<tr><td>시설정비</td><td>• 아동복지시설 화단 만들기<br>• 보일러, 수도 등 각종 시설 정비<br>• 놀이터 등 장비 정비<br>• 아동복지시설 자연학습장 만들기</td></tr>
<tr><td>초청 및<br>방문</td><td>• 사회복지시설 방문봉사<br>• 아동복지시설 위문공연<br>• 레크리에이션 지도<br>• 교호시설, 보호관찰소, 소년원 등 위문</td></tr>
<tr><td rowspan="3">사회<br>환경<br>조사</td><td>조사활동</td><td>• 유해 문화환경 조사, 감시<br>• 위험장소 검사<br>• 아동 욕구조사 등 사회조사</td><td rowspan="3">활동 시 지역사회의 적절한 자원을 활용하고 지역사회의 전문가들과 충분히 활동에 대한 토론을 한 후 활동을 함</td></tr>
<tr><td>정보제공</td><td>• 사회봉사활동 정보지도 제작<br>• 아동을 위한 지역사회신문 제작</td></tr>
<tr><td>캠페인</td><td>• 가출아동공동체 건립 및 운영을 위한 바자회<br>• 소년소녀가장을 위한 음악회<br>• 낙도 도서 보내기 캠페인<br>• 결식아동을 위한 사랑의 빵 나누기 모금<br>• 저소득가정아동의 교육비 지원을 위한 물품기증 바자회<br>• 소년소녀가장돕기 캠페인, 아동학대예방 및 신고 캠페인<br>• 심장병어린이 수술비 모금을 위한 편지쓰기</td></tr>
</table>

출처 : 한국사회복지사협의회(1997), 자원봉사 프로그램 백과, 제3권 아동·청소년.

# 아동 상식

1. 아동은 몇 살까지일까요? 아동복지법상 아동은 18세 미만
2. 우리가 평소에 자주 사용하던 '-린이'라는 표현은 어떠한 분야에서 미숙한 사람을 나타낼 때 줄곧 사용되어왔었는데요. 아동은 '완성된 인격체'로서 어린이를 통해 '미숙함'을 표현하는 것은 아동에 대한 혐오 표현이라고 할 수 있겠습니다.
3. 아동을 위한 날은 어떤 것들이 있을까요?

   첫째, 5월 5일 어린이날

   둘째, 5월 25일 실종아동의 날

   셋째, 6월 12일 세계아동노동반대의 날

   넷째, 11월 19일 아동학대 예방의 날
4. 아동 4대 권리는?

   첫째, 생존하기 위해 꼭 필요한 '생존권'

   둘째, 안전을 보장받는 '보호권'

   셋째, 교육받고 적절한 놀이를 할 수 있는 '발달권'

   넷째, 자기 일에 의견을 제시하고 결정할 수 있는 '참여권'

## 어린이날에 아동이 받고 싶은 선물은 어떤 것들이 있을까요?

### 나라면 이런 선물이 받고 싶다

# 05 청소년 대상 사회봉사

## 1. 청소년복지시설의 유형

| 시설 | 시설 설치 목적 |
|---|---|
| 청소년쉼터 | 가정 밖 청소년에 대하여 가정 · 학교 · 사회로 복귀하여 생활할 수 있도록 일정 기간 보호하면서 상담 · 주거 · 학업 · 자립 등을 지원하는 시설 |
| 청소년 자립지원관 | 일정 기간 청소년쉼터 또는 청소년회복지원시설의 지원을 받았는데도 가정 · 학교 · 사회로 복귀하여 생활할 수 없는 청소년에게 자립하여 생활할 수 있는 능력과 여건을 갖추도록 지원하는 시설 |
| 청소년 치료재활센터 | 학습 · 정서 · 행동상의 장애를 가진 청소년을 대상으로 정상적인 성장과 생활을 할 수 있도록 해당 청소년에게 적합한 치료 · 교육 및 재활을 종합적으로 지원하는 거주형 시설 |
| 청소년 회복지원시설 | 「소년법」 제32조제1항제1호에 따른 감호 위탁 처분을 받은 청소년에 대하여 보호자를 대신하여 그 청소년을 보호할 수 있는 자가 상담 · 주거 · 학업 · 자립 등 서비스를 제공하는 시설 |

## 2. 청소년을 위한 사회봉사

| 목적 | 목표 | 서비스 | 프로그램 |
|---|---|---|---|
| 자립기능향상 | 심리적 지지 | 상담 | • 청소년상담(전화, 면접 집단상담), 학교상담 사회봉사, 비행청소년상담(법무부, 검찰청 관련) |
| | | 결연 | • 소년소녀가장, 결손가정(시설청소년), 비행청소년 개별결연 |
| | 사회성 증진 | 교육지원 | • 기능교실(컴퓨터, 서예 등) 지원, 방과후 학습지도, 청소년 사회봉사자를 위한 교육 |
| | | 사회활동 지원 | • 산업 시찰 및 역사탐방, 농촌활동지도 |
| | | 여가선용 | • 음악·그림·문학·연극지도, 캠프지도, 전통놀이지도 |
| | 생활 안정 | 취업지원 서비스 | • 청소년들의 직업훈련, 취업 알선 및 사회적응훈련 |
| | | 생활 및 가사지원 서비스 | • 결식청소년 무료급식 및 노력봉사, 불우청소년 도시락 및 밑반찬 전달, 이·미용 제공, 차량 지원, 청소, 식사준비 및 취사, 세탁, 생필품 구입, 시장 보기 등 사회봉사서비스 |
| | | 보호활동 | • 가출청소년 일시보호(쉼터), 민간가정위탁 |
| 사회적지지 | 시설 지원 | 업무 보조 | • 관련 시설, 단체 업무 보조<br>• 시각장애인을 위한 녹음테이프 제작 보조<br>• 시각장애인을 위한 도서 전산화 작업 보조<br>• 장애아동 학습증진을 위한 학습자료 제작<br>• 장애인 체육대회 보조<br>• 후원자 개발, 관리 보조 |
| | | 시설장비 | • 아동복지시설 화단 만들기, 보일러·수도 등 각종시설 정비, 놀이터 등 장비정비, 아동복지시설 자연학습장 만들기 |
| | | 방문활동 | • 시설에서의 레크리에이션 지도, 보호관찰소, 소년원 등 위문 |
| | 사회 환경 조성 | 조사·정보제공·캠페인 | 청소년 유해 문화환경 조사 및 감시, 청소년신문 제작, 아동·청소년 욕구조사 등 사회조사, 근로청소년을 위한 음악회 개최, 청소년 유해환경 단속 및 계몽, 불우아동 및 청소년 장학금 모금을 위한 활동(바자회 등), 청소년을 위한 금연, 성교육, 약물남용방지 캠페인, 가출청소년을 위한 아웃리치 |

출처 : 한국사회복지협의회(1997), 자원봉사 프로그램 백과. p.22.

# 청소년 삶의 만족도 OECD 국가 중 최하위

여러분은 **이유**가 무엇이라고 생각하나요?

CHAPTER

6

# 사회봉사 프로그램

1. 봉사 프로그램 공모 사례
2. 봉사 프로그램 계획서 작성방법
3. 봉사 프로그램 계획서의 실제

## 01 봉사 프로그램 공모 사례

대부분의 대학에서 사회봉사교과목은 2가지 형태로 운영되고 있습니다. 하나는 신입생 또는 전체 대학생을 대상으로 하는 '교양필수과목'으로서 졸업 전에 반드시 이수해야 하는 경우가 많고, 또 다른 하나는 '교양선택과목'으로서 사회봉사를 희망하는 학생들이 수강하고 있습니다.

수업운영방식은 학교마다 조금씩 차이가 있지만 주로 이론 수업을 3~4주 진행한 뒤 나머지 주차는 실습(봉사활동)을 하는 경우가 많습니다. 한 주에 3시간씩 봉사를 한다면 10주에 30시간의 봉사를 할 수 있기 때문에 실습시간은 30시간 전후인 경우가 많습니다.

학생 입장에서는 30시간의 봉사활동이 길게 느껴질 수도 있지만 봉사기관 입장에서는 다소 애매한 측면이 있습니다. 단순 노력봉사만 하기에는 다소 긴 편이지만 전문 봉사 프로그램을 운영하기에는 다소 짧은 편이기 때문입니다.

봉사기관의 사정에 따라 다르겠지만 사회복지기관의 경우에는 대학생 봉사자들이 단순 업무보조나 노력봉사를 하기보다는 프로그램을 개발하여 운영해 주는 것을 선호하기도 합니다.

최근에는 사회복지기관뿐 아니라 지자체나 민간 기업체 또는 비영리재단 차원에서 대학생 봉사 프로그램을 공모하는 사례가 늘고 있습니다. 프로그램 공모에 당선되려면 대학생 스스로 자신의 전공과 역량을 발휘할 수 있는 프로그램을 기획하여 신청해야 하며 당선되면 프로그램 진행비용을 지원받아 직접 봉사 프로그램을 운영하게 됩니다.

대학생들은 주어진 봉사활동에 수동적으로 참여하는 것이 아니라 주도적이고 능동적으로 참여할 수 있다는 점에서 매우 큰 의의가 있습니다. 특히, 스스로 기획한 활동이기 때문에 애정과 열정을 가질 수 있고, 자기개발 및 성취감까지 얻을 수 있다는 점에서 점차 확대되고 있는 분위기입니다.

대학생 대상 봉사 프로그램은 각 대학별 '사회봉사단'이나 봉사동아리 등에서 접근할 수 있는 전문적인 봉사부터 교양필수과목으로 참여 가능한 수준까지 매우 다양한 형태가 있습니다.

또한 봉사기관 차원에서 대학생들이 직접 기획하고 진행해 주기를 요청하는 경우도 있습니다. 즉, 지자체나 민간기업 등에서 주최하는 규모가 큰 공모 형식이 아니더라도 소규모 시설이나 기관에서도 대학생 자체적인 기획 프로그램을 선호하고 있습니다.

이처럼 최근 대학생 봉사활동은 봉사기관에서 지시한 봉사활동에 수동적으로 참여하기보다는 대학생 스스로 기획하고 직접 운영해 보는 봉사 프로그램 위주로 바뀌는 추세입니다.

이런 맥락에서 앞으로는 대학생들이 봉사활동기관을 선정할 때 해당 기관에 도움이 될 만한 프로그램을 개발한 후 접근할 필요가 있습니다. 예컨대, 마음이 맞는 친구 5명과 함께 봉사하고 싶은 기관을 방문하여 프로그램을 개발한 후 진행까지 책임지겠다고 한다면 싫어하는 기관은 별로 없을 것입니다. 그만큼 봉사에 대한 관심과 각오 그리고 열정을 보여주었기 때문입니다.

그렇다면 지자체나 민간기업 및 단체에서 추진하고 있는 봉사 프로그램 공모사업에는 어떤 것들이 있는지 살펴보도록 하겠습니다.

## 1. 서울시의 "서울동행"

서울시에서 주관하는 "서울동행"은 대학생들이 자신의 재능과 경험을 필요로 하는 초·중·고생들에게 나누는 봉사활동을 통해 자신을 성장시키고 사회리더로 발전할 수 있는 봉사 프로그램입니다.

일반 봉사의 경우, 한 학기에 30시간(1회당 2시간 이상)을 봉사하고 8주나 9주 정도 활동하기 때문에 대학생 사회봉사 과목 시간과 거의 유사합니다.

서울동행 봉사 프로그램은 2가지 방식이 있는데, 주최 측에서 이미 개발해 놓은 봉사 프로그램에 참여하는 방식과 대학생들의 자기주도 기획프로그램이 있습니다. 특히, 봉사 참여자들은 동행학개론(20분), 동행실천론(40분), 동행인문학(90분)이라는 3단계의 필수교육을 이수해야 합니다.

기획봉사활동 프로그램은 기후변화, 학습소외, 사회경제, 불평등과 같이 우리 주변에서 볼 수 있는 다양한 사회문제 해결에 초점을 맞추고 단기(1개월) 또는 장기(6개월) 프로젝트로 진행됩니다.

**표 6-1 서울동행 프로그램 종류**

| 봉사분야 | 프로그램명 | 세부내용 |
|---|---|---|
| 교육봉사 | 국어, 영어<br>수학, 과학<br>기타 | - 활동내용: 국어, 영어, 수학, 과학, 기타 등 개별 또는 소그룹, 보조지도<br>- 매칭인원: 동생 수준 및 기관여건에 따라 매칭(권장 1:2)<br>- 활동시간: 일일 1시간~4시간(일일 2시간 내외 권장)<br>- 권장사항: 교육 내용, 주차별 계획 등 봉사자와 동생 함께 사전 협의 권장 |
| 재능봉사 | 동아리활동,<br>IT, 예체능,<br>독서지도,<br>제2외국어,<br>기타 | - 활동내용: 동아리활동, 예체능, IT, 독서지도, 제2외국어, 기타 등 개별 또는 소그룹 보조지도<br>- 매칭인원: 동생 수준 및 기관여건에 따라 매칭(권장 1:5)<br>- 활동시간: 일일 1시간~8시간(일일 3시간 내외 권장)<br>- 권장사항: 교재 및 교육 내용, 주차별 계획 등 동생 의견 반영 권장<br>- 주의사항: 프로그램등록 모집 기타 내용에 교육주제 등 구체적 활동내용 기입 |
| 돌봄봉사 | 숙제도와주기<br>신체놀이지도<br>체험활동지원 | - 활동내용: 숙제도와주기, 신체놀이지도, 현장체험 활동지원, 게임지도, 집단 활동지도 등 소그룹 또는 보조지도<br>- 매칭인원: 동생 수준 및 기관여건에 따라 매칭(권장 1:10)<br>- 활동시간: 일일 1시간~8시간(일일 3시간 내외 권장) |
| 사회문제 | 대학(원)생<br>**자기주도**<br>**기획프로그램** | - 활동방법<br>• 서울동행 참여 경험이 있는 청년 개인 또는 소그룹으로 참여 가능<br>• 대학(원)생 봉사자 주도 프로그램으로 청년 참가자 모집·선정<br>• 활동지원비 지원 및 팀별 활동지원<br>- 운영체계<br>• 준비 단계: 욕구조사 주제선정, 교육과정 설계, 청년참가자모집, 참여 활동기관 확보<br>• 운영 단계: 기획과정 실습, 현장방문 보완, 프로그램 계획수립, 활동성찰 의미 발견<br>• 평가·공유 단계: 성장 정리 및 평가, 성장 포트폴리오 제작, 성장공유회, 평가·환류<br>※ 대학(원)생 주도 프로그램으로 활동기관은 주제별 봉사 활동장소로 참여 가능 |

출처 : 서울동행 홈페이지(https://www.donghaeng.seoul.kr).

기획봉사의 종류를 살펴보면, 다양한 영역에서 매우 창의적이고 시의 적절한 프로그램들로 진행한 것을 알 수 있습니다. 프로그램의 성격에 따라서 장기간에 걸친 프로젝트도 있지만 1개월 이내의 단기 프로그램 형태로 접근이 가능한 것도 있습니다.

표 6-2 **2021년 서울동행 기획 프로그램 종류**

| |
|---|
| 청각장애 인식개선 굿즈 제작 및 캠페인 |
| 돌봄공동체 확산 어플리케이션 개발 |
| 저소득 청소년 위한 여성용품 지원 정책 제안 |
| 지역상권 연계, 다회용기 사용 시범사업 운영 |
| 시각장애 아동을 위한 미디어 활용 교안 개발 |
| 정보 소외계층을 위한 키오스크 개선방안 고안 · 제작 |
| 어르신을 위한 미디어 리터러시 교안 개발 |
| 일회용컵 절감 시민참여 챌린지 및 기업정부건의 |
| 대학가 빈곤 청년을 위한 끼니 선결제 사업 시범운영 |
| 청년 불균형 · 불평등 관련 영화 제작 및 상영 |
| 보호 종료 청소년 자립을 위한, 금융 및 경제 교육 활동 |
| 비대면 미술 교육(드로잉 코칭)을 위한, 중개 플랫폼 개발 |
| 지역경제 및 소상공인 지원을 위한, MZ세대 대상 LTE 매거진 창간 |
| 청년세대 정치 참여를 위한, '21세기선거' 게임 어플 개발 |
| 유니버셜 디자인 전파를 위한, 교육 및 아이디어 공모전 |
| 채식의 진입장벽을 낮추기 위한, 채식지도 제작 및 매거진 제작 |
| 초등생의 에코라이프 실천을 위한, 바다조 캠페인 진행 |
| 자원재순환에 대한 인식 확산을 위해, 지역 폐기물 수거 및 캠페인 |
| 북한 이탈주민 자녀에 대한 인식 제고를 위한 소책자 및 통일교육 영상 |
| 1인 가구를 위한, 문화 프로그램 및 배달 서비스 제안 |

출처 : 서울동행 홈페이지(https://www.donghaeng.seoul.kr).

기획봉사는 정형화된 틀을 벗어나 원하는 봉사활동을 참여자가 직접 기획하고 실천하는 것입니다. 동행은 청년들이 봉사활동을 원하는 대로 주도적으로 만들어 갈 수 있도록, 실패를 두려워하지 않고 새로운 경험을 할 수 있도록 '동행'해 주는 역할을 합니다.

"서울동행" 측에서는 대학생들이 이 같은 봉사 프로그램에 참여하게 되면, 사회에 진출하기 전에 작은 사회를 미리 경험할 수 있고, 가치관이나 생활배경이 다른 타인을 이해하고 배려할 수 있는 심성이 길러지며, 진로 및 적성을 발굴하거나 체험할 수 있는 기회를 얻고, 사회적 관계형성능력이 길러지며 스스로에 대한 자긍심이 증대될 것이라고 합니다.[4)]

## 2. 세종시의 "옹기종기 세종 사람들"

세종시에서는 지역인재 육성의 선순환구조 구축을 위한 인프라 조성 목적으로 2021년부터 '청년희망배움터', '세종 꿈 나눔터' 그리고 '옹기종기 세종 사람들' 프로젝트를 운영하고 있습니다. 이 중에서 대학생 봉사활동과 관련된 것은 '옹기종기 세종 사람들'입니다.

옹기종기 세종 사람들은 대학생들이 취약계층 주거환경 개선, 환경미화 벽화작업 등 공익활동에 참여해서 시민으로서의 애향심과 연대감을 강화할 수 있도록 돕는 사업을 말합니다.

이 프로그램은 대학생들이 5페이지 이내 제안서를 작성해서 제출한 후 선정되면 활동 지원금을 지원해 줍니다. 3명에서 5명까지 단체는 2백만 원, 5명 이상 단체는 3백만 원을 지원합니다. 또한 세종시 거주자가 아니더라도 참여가 가능합니다. 세종시에서 예시로 제시한 프로그램

4) https://www.donghaeng.seoul.kr/Programs/User/intro/info.asp

은 아래와 같습니다.

**표 6-3 옹기종기 프로그램 예시**

| 분야별 | 프로그램 예시 |
|---|---|
| 복지 | 소외계층을 위한 물품 제작/나눔, 장애인 인식개선 활동 등 |
| 환경 | 제로 웨이스트 캠페인, 플로깅 활동(조깅하면서 환경미화활동) |
| 건강 | 취약계층을 위한 개인위생키트 제작, 마스크 스트랩 제작 등 |
| 예술 | 취약시설 방문 인형극 진행, 낙후지역 벽화 그리기 등 |
| 기타 | 지역발전을 위한 다양한 공익활동 |

'옹기종기 세종 사람들' 프로그램의 장점 중 하나는 제안서 작성방법을 매우 상세하게 제시해 주고 있습니다.

**표 6-4 옹기종기 세종 사람들 제안서**

**제 안 서**

□ 제　　목 : 예) 지역분교 벽화 그리기

□ 제안분야 : 예) 예능, 미술

※ ① 제안서 내용은 5페이지를 넘지 않게 서술식으로 작성
② 휴먼명조 15포인트, 줄간격 160%
③ 지원자의 인적사항 작성 시 심사대상에서 제외
④ 제안서 설명을 위한 사진 또는 도면이 있을 경우 첨부가능
(자료의 인용 및 사진 등의 출처 기재)
⑤ 제출된 제안 내용에 대해서는 접수 및 심사과정에서 비밀유지
⑥ 제출된 자료는 일체 반환하지 않음

## Ⅰ. 자기소개(팀 소개)

① 성장배경(팀 구성 배경)
② 지원동기
③ 앞으로의 계획
④ 세종에 대한 관심 정도
⑤ 개인(팀원) 재능(활동사항, 특기, 수상실적 등)

## Ⅱ. 제안내용

○ 제안내용 상세히 작성

*** 제안내용 작성 시 필수입력 사항**

1. 활동계획(상세히 기재)
2. 참여인력 : 팀일 경우 각 팀원의 업무분장도 포함
3. 일정표(일시, 장소, 준비사항, 투입인력)
   - 활동 전 : 재능나눔 활동 준비계획 일정표
   - 활동 중 : 재능나눔 활동 일정표
   ※ 활동 전 및 활동 중 계획 일정표를 각각 작성
4. 기대효과 및 활용방안
5. 중간보고 및 결과보고 제출일(제출일 변경가능)
   ※ 각 팀 일정에 따라 변동가능.
   단, 결과보고 제출일은 11월 말을 넘지 말아야 함.

## Ⅲ. 활동비 사용계획

○ 활동에 필요한 비용 내역을 상세히 기입 작성예시 참고
(품목, 단가, 수량, 금액, 사용용도, 목적 등)

★ 활동비 사용계획 작성 시 유의 사항

① 식 비: 1인당 급식비 단가 8,000원.
② 교 통 비: 실비 산출(버스, 기차 등), 자가 이용 시에는 주유비 및 통행요금 지원 가능. 택시비 1일 왕복 정액 1만 원.
※ 교통비의 경우 방문기관 활동 확인서가 있어야 인정
③ 숙 박 비: 활동성격상 부득이하게 숙박을 해야 하는 경우 실비로 산출
④ 물품구입: 소모품 성격의 물품구입 가능.
- 공익활동을 위한 현수막(1개) 구입비(3만 원 이하) 포함.
⑤ 고가의 장비 구입 불가, 장비 대여는 가능.
⑥ 학업습득을 위한 강사비용은 지원 불가함.
⑦ 활동에 참여하는 인력이 아닌 자에게는 지원할 수 없음.
⑧ 명확한 산출 근거 및 용도와 목적을 명시.
⑨ 이외에 심사위원회 검토 시 활동비와 무관하다 판단되는 경우는 지급이 불가하니 공익 활동에 반드시 필요한 비용만 신청.

출처 : 세종특별자치시 인재육성평생진흥원 홈페이지
(https://www.sjhle.or.kr/index.do?condition=dms).

## 3. 농어촌공사 "농촌재능나눔 활동지원사업"

농림축산식품부가 주최하고 한국농어촌공사가 주관하는 「농촌재능나눔 활동지원사업」은 농촌마을을 대상으로 전문적인 지식·경험·기술 등 재능을 나누는 직능·사회봉사단체, 기관, 기업체 및 비영리단체, 대학교·대학교 봉사동아리에게 활동비를 지원하는 사업입니다.

2022년에는 일반단체 20곳, 지역단체 7곳, 의료단체 2곳, 대학교 봉사센터 4곳, 대학생 봉사동아리 30곳이 선정되었습니다. 대학생 봉사단체만 참여하는 것은 아니지만 선정된 단체 중 50% 이상은 대학교 및 대학생 봉사동아리인 것을 알 수 있습니다.

농촌재능나눔 활동지원사업은 대학생들의 전공지식과 기술을 나누어 줌으로써 농촌사회에 활력을 불어넣어 주고 농촌주민의 삶의 질 향상에 기여할 수 있다는 점에서 의미 있는 봉사 프로그램이라 할 수 있습니다.

활동기간은 보통 6월부터 9월까지이며, 모집분야는 지역공동체 및 경제활성화, 주민건강 및 복지증진, 생활환경 및 마을환경 개선, 주민교육 및 문화증진 등 4가지로 구성됩니다. 봉사동아리별로 최대 500만 원까지 지원해 주기 때문에 경쟁이 치열한 편입니다.

선정기준은 농촌재능나눔 활동에 대한 사업목적 및 필요성, 신청단체의 사업수행능력, 예산편성의 적정성 등을 종합적으로 판단하여 평가하게 됩니다.

대학생들이 봉사 프로그램을 기획하는 것이 어렵게 느껴질 수도 있지만 참신한 아이디어만 있다면 누구나 도전해 볼 수 있을 것입니다.

표 6-5 '농촌재능나눔 활동지원사업' 계획서 양식

## 1. 동아리 소개 (2장 이내)

가. 결성목적

-

-

나. 연혁 및 주요 활동내용

| 날짜 | 내용 | 비고 |
|---|---|---|
| *2022.4* | *동아리 결성* | |
| *2022.7~2022.7* | *대사협 복지관 사례관리 자원봉사활동* | |
| *2022.5.6* | *대사협 회장상 수상* | |
| | *필요시 추가 기재 가능* | |

## 2. 프로그램 소개

가. 프로그램 개요

- o 프로그램명
- o 주요 내용 (간략히)

나. 프로그램의 필요성 및 목적

- o 프로그램 관련 사회문제 또는 지역 사회적 욕구
- o 프로그램의 필요성 및 목적

다. 프로그램 참여자

- o 프로그램 대상자 및 선정 이유
- o 재능나눔인 소개

## 3. 프로그램 활동 계획 (일정 포함)

가. 프로그램 내용 (구체적으로)

나. 활동 목표

다. 일정(안)

| 일정<br>(날짜) | 장소 | 봉사내용 및 방법 | 참여인원 | 대상자<br>수 | 활동<br>시간 |
|---|---|---|---|---|---|
| | | | | | |
| | | | | | |
| | | | | | |
| | | | | | |
| | | | | | |

## 4. 기대효과

가. 봉사자

ㅇ

나. 대상자

ㅇ

다. 지역사회

ㅇ

라. 홍보 및 확산 방안

ㅇ

# 02 봉사 프로그램 계획서 작성방법

봉사 프로그램은 공모 주체에 따라 요구하는 양식이나 틀이 다르고 계획서에 포함시켜야 할 영역 또한 차이가 있습니다. 지원금액이 클수록 그만큼 작성해야 할 내용이 많고 까다로울 것입니다.

그러나 사회복지기관이나 시민사회단체에 요구하는 정도의 전문적인 프로그램 계획서를 요구하는 경우는 많지 않습니다. 다만, 프로그램의 참신성, 시급성, 현실적용 가능성 등을 중심으로 선정하게 되고, 핵심적인 사항들이 빠짐없이 작성되어 있는지 등을 중요하게 판단하고 있습니다.

여기에서는 다양한 프로그램 양식을 포괄할 수 없으므로 공통적이고 기본적으로 작성해야 하는 사항을 중심으로 살펴보려고 합니다. 즉, 주제, 제목, 목적, 활동내용이란 무엇이고 어떻게 작성하는 것이 좋은지에 대해서 살펴보았습니다.

## 1. 주제 정하기

봉사 프로그램을 기획하려면 우선 주제를 정해야 합니다. 봉사 프로그램을 공모한 단체나 기관에서 정해 준 주제는 포괄적인 방향만 제시할 뿐 세부적인 주제는 봉사자들이 직접 선정해야 합니다.

주제 선정 방법은 우선 봉사할 대상 및 지역의 욕구를 파악하는 것이 중요합니다. 대학생의 봉사활동이 선의의 목적으로 진행되더라도 도움

받을 사람들의 욕구와 필요에 맞지 않는다면 봉사의 의미가 퇴색될 것이기 때문입니다.

대단위 프로젝트가 아니라면 별도의 욕구조사 등을 하기보다는 인터넷을 활용한 사전조사나 봉사할 지역 또는 단체(기관)에 문의해 보는 것도 좋은 방법입니다. 예컨대, 대학생들이 농촌일손 돕기를 하려고 했지만 농민들은 농작물에 피해가 갈 수 있으니 농촌 환경조성 차원에서 벽화 그리기를 요청할 수도 있습니다.

주제를 정하더라도 대학생들의 전공이나 관심 그리고 특기를 고려하지 않은 채 당위적으로 접근하는 것도 주의해야 합니다. 예컨대, 예술이나 인문학 전공자들이 주택수선과 같이 전문적이고 노동집약적인 봉사를 하는 것은 적절치 않을 것입니다. 즉, 대학생들이 가장 잘할 수 있고 즐겁게 참여할 수 있는 봉사 주제를 잡는 것이 무엇보다도 중요합니다.

봉사는 의욕만으로 할 수 있는 것이 아니므로 봉사시간이나 기간도 고려해야 합니다. 함께 봉사활동을 할 구성원들이 실제로 참여할 수 있는 시간과 기간 그리고 횟수 등을 고려하여 계획할 필요가 있습니다.

## 2. 제목 정하기

프로그램은 제목이 있기 마련이고 제목을 통해서 프로그램의 주제나 성격 등을 파악하게 되므로 매우 중요한 부분이라 할 수 있습니다.

그런데 많은 사람들이 프로그램의 제목을 처음부터 정하는 것으로 알고 있지만 이는 잘못된 상식입니다. 우리가 어떤 미술작품을 만든다고 가정해 봅시다. 처음부터 제목을 정하고 작업을 할까요? 당연히 아닙니다. 처음부터 제목을 정하면 자유롭고 창의적인 작품이 나오기 힘들기 때문입니다.

또 다른 예로, 사랑스러운 반려견이 새끼를 낳았다고 합시다. 강아지의 이름은 생김새나 행동 등을 보고 정하는 것이 일반적입니다. 반면, 아직 태어나지도 않은 강아지의 이름을 미리 정하는 경우는 흔치 않습니다.

프로그램도 마찬가지입니다. 먼저 주제나 방향만 정해 놓고 계획서를 작성하다 보면 처음 의도와 달라질 수 있고, 추가하거나 변경이 되기도 하며, 더 좋은 아이디어가 떠오르기도 합니다. 이렇게 해서 계획서가 만들어지면 여기에 어울리는 제목을 정하면 됩니다.

프로그램의 제목은 프로그램 전체의 첫 이미지이므로 신중하되 매우 독창적일 필요가 있습니다. 우선, 제3자로 하여금 프로그램 전체를 예측하고 상상할 수 있도록 정하는 것이 좋습니다. 제목만 봐도 누구를 대상으로 무엇을 어떻게 하겠다는 것인지가 머릿속에 그려지도록 하는 것입니다.

이와 동시에 매우 흥미롭고 창의적이며 톡톡 튀는 대학생 감성이 묻어날수록 좋습니다. 대학생들의 봉사활동은 매우 진지하고 엄숙하고 경건한 활동이 아니라 신나고 즐겁고 보람 있는 활동입니다. 그래야 보는 사람도, 도움을 받는 사람도, 도움을 주는 사람도 기분 좋고 행복한 느낌을 받게 될 것입니다.

그럼, 몇 가지 프로그램 제목을 살펴보도록 하겠습니다.

「아동 및 청소년을 위한 창의력 미술교실」이라는 프로그램 제목은 봉사대상과 프로그램의 성격이 드러나 있어서 나쁘지 않습니다. 그러나 신선하거나 창의적이라고 보기는 어렵습니다. 즉, 프로그램 참여 대상자들이 기대감을 갖기에는 역부족인 것 같습니다.

「소금별」이라는 프로그램 제목을 보면, 무언가 궁금증을 자아내고 매우 의미 있는 봉사활동일 것 같은 느낌을 줍니다. 그런데 제목에서 어떤 봉사인지를 전혀 가늠할 수 없습니다. 실제 이 프로그램은 사회복지시설의 홍보영상을 제작해 주는 봉사활동입니다. 그렇다면, 기관 홍보 영상 제작과 소금별은 어떤 관련이 있을까요? 아마 특별한 연관성은 없어 보입니다.

「노인 대상 피부마사지」의 경우에는 노인을 대상으로 피부마사지를 해주는 봉사라는 이미지가 명확합니다. 즉, 봉사대상이 되는 노인들도 해당 프로그램에 참여하면 피부마사지를 받을 수 있다는 예상을 할 수 있을 것입니다. 그러나 프로그램 제목이 평범하여 특별한 느낌을 주기 어렵습니다. 해당 프로그램에 참여하면 특별한 체험을 하거나 감동을 받거나 긍정적 변화를 경험할 수 있을 것 같은 기대감을 주는 것이 필요합니다.

「징검다리 교육봉사」는 저소득계층 초·중·고등학생을 대상으로 기초학습지원을 해주는 봉사 프로그램입니다. 교육봉사라는 말 속에 이미 어려운 대상에게 교육지원을 해준다는 의미가 있고, 어려운 과정을 건너갈 때 징검다리가 되어 주겠다는 상징적인 언어를 사용했습니다. 즉, 프로그램의 성격을 담고 있으면서도 참신하고 의미 있는 제목인 것 같습니다.

「어린이 독서동아리, 슬기로운 지구생활」은 제목이 다소 길다는 단점이 있지만 환경교육봉사라는 특징이 살아 있고, 슬기로운 의사생활이라는 드라마 제목을 각색했다는 점에서 눈에 띄는 제목입니다.

「재미나는 여름방학」이라는 프로그램 제목은 그 속에 재(능), 미(싱), 나(눔)이 숨어 있습니다. 이 프로그램은 손바느질로 면생리대를 만들어서 해외 저개발 국가 소녀들에게 후원하는 프로그램입니다. 여름방학이 들어 있는 것은 단기봉사 프로그램이기 때문입니다. 제목을 그냥 들으면 특별할 것이 없지만 함축적인 의미전달의 묘미를 살린 것 같습니다.

이처럼 프로그램의 제목을 정할 때 정답은 없지만 많은 사람들이 공감하고 이해하며 기대감을 가질 수 있는 제목일수록 빛이 날 것입니다.

## 3. 프로그램의 목적 정하기

프로그램은 목적이 있어야 합니다. 목적이란 프로그램 활동을 통해서 긍정적으로 변화시키거나 향상시키고자 하는 가치로서 프로그램이 나아가야 할 방향을 정해 줍니다. 좀 더 줄여서 표현하면, 프로그램이 지향하는 바라고 할 수 있습니다.

예를 들어, 우리가 열심히 일하는 목적은 행복한 삶을 위해서라고 할 때 행복한 삶은 우리가 추구하고자 하는 궁극의 가치이며 방향이 됩니다. 또한 친구들과 여행을 간다고 했을 때 그 목적은 친구들과의 끈끈한 우정을 다지고자 하는 경우가 많습니다. 이때 끈끈한 우정이라는 추상적인 표현은 친구들이 여행에 참여하도록 유인하는 동기가 됩니다. 이처럼 목적은 추상적인 표현으로 쓰는 경우가 대부분입니다. 가치, 철학, 추구하는 바, 이상 등을 나타내기 때문입니다.

그리고 목적은 긍정적인 변화를 추구하는 것이어야 합니다. 예컨대, 삶의 질 향상, 건강한 노후, 우울감 해소, 성취감 증진, 대인관계 증진, 자존감 향상 등과 같이 추상적이지만 그 방향으로 변화되기를 바라는 바를 담고 있습니다.

이에 비해서 '목표'는 프로그램을 통해서 봉사대상의 욕구가 충족되었거나 문제가 해소된 상태로서 프로그램의 효과(성과)를 보여주는 것입니다. 프로그램을 통해서 달성해야 할 과업이라고 볼 수도 있습니다. 따라서 목표는 매우 구체적이고 달성 가능한 형태로 기술해 주어야 합니다.

전문적인 사회복지 프로그램이나 제안서 등에서는 목적과 목표, 심지어 세부목표까지 작성해야 하지만 봉사 프로그램에서는 목적만 기술하는 경우가 대부분입니다. 그렇더라도 프로그램 기획 경험이 많지 않은 경우 목적을 기술하는 것은 쉽지 않은 과정입니다.

프로그램의 목적을 정하는 것이 어렵다면, 해당 프로그램에 참여하는 사람들이 어떤 긍정적 변화를 보일 것인지 상상해 보는 것이 도움이 됩니다.

예를 들어, 아동을 대상으로 미술활동을 하는 프로그램이라면 그 목적은 '아동의 창의력을 높이고, 미술에 친근감을 가질 수 있도록 한다' 정도가 될 것입니다.

또 다른 예로, 응급처치교실을 한다면 그 목적은 '사고에 대비하고 사고 발생 시 대응할 수 있는 방법을 교육함으로써 예기치 않은 사고에 대한 대응력을 높인다' 정도가 될 것입니다.

만약, 체육학과 학생들이 노인을 대상으로 체조 및 스트레칭 교육을 한다면, 목적을 '활력징후, 인바디 측정 등 본인의 건강상태를 수시로 파악하여 자가 관리능력을 향상시키고, 사회적 상호작용 통해 노년기 우울감을 예방한다'고 정할 수 있을 것입니다.

농촌지역 어르신을 모시고 나들이 행사를 기획한다면, '다양한 문화체험활동의 기회를 제공하여 문화적 소외감을 해소한다' 등으로 작성해도 될 것입니다.

목적을 정할 때 주의할 점은 변화의 방향이 봉사자가 아닌 봉사 대상에게 맞추어져야 한다는 점입니다. 예를 들자면, 대학생들이 전공을 연계하여 봉사활동을 한다고 했을 때, 봉사자의 전공이나 특기 그리고 적성 능력을 향상시킨다고 한다면 봉사대상자들이 봉사자를 도와주는 형국이 될 것입니다.

## 4. 프로그램의 내용(활동 내용) 정하기

프로그램의 내용 또는 활동 내용은 앞서 살펴본 주제에 맞추어야 하고 목적을 달성할 수 있는 것이어야 합니다. 그리고 목적을 달성할 수 있을 만큼의 기간(또는 시간)과 투입인력 그리고 예산을 고려하여 구성할 필요가 있습니다.

무엇보다도 중요한 것은 흥미롭고 재미가 있어야 합니다. 아무리 좋은 프로그램이라도 봉사대상자들의 흥미를 끌지 못하면 성공 가능성은 낮아집니다. 따라서 봉사대상자들의 눈높이에도 맞아야 합니다. 프로그램에 참여하는 사람들이 아동인지, 청소년인지, 노인인지에 따라 다른 접근이 필요하다는 것입니다.

그리고 프로그램 회기에 따라 새로운 세부 프로그램들로 짜임새 있게 구성하고, 회기별 프로그램 제목도 정하는 것이 흥미유발에 도움이 됩니다.

예를 들어, 아동대상으로 안전사고 예방교육을 한다고 했을 때, 회기별 프로그램이 '물놀이 예방, 교통사고 예방, 가스사고 예방, 화재사고 예방'과 같이 단조롭게 정하면 기대감을 하락시킬 수 있습니다. 차라리 '감전은 위험해요, 안전한 우리집, 우리는 안전어린이, 위기탈출 넘버원' 등과 같이 아동에게 친근하면서도 조금이라도 기대감을 주는 제목이 좋습니다.

회기별 프로그램을 나열식으로 해도 좋지만 표를 만들어 정해주는 것도 좋습니다. 표 안에는 회기별 프로그램 외에도 부가적인 정보를 추가할 수 있습니다.

**표 6-6 회기별 프로그램 작성내용**

| 회기 | 장소 | 봉사내용 및 방법 | 참여인원 | 대상자 수 | 활동 시간 |
|---|---|---|---|---|---|
| | | | | | |
| | | | | | |
| | | | | | |
| | | | | | |
| | | | | | |

## 03 봉사 프로그램 계획서의 실제

봉사 프로그램 계획서는 대학생 스스로 작성하기도 하지만 학교 당국(봉사센터 등)이나 지역사회단체에서 신청하기도 합니다. 주로 지원되는 예산이 크거나 대규모 봉사 프로그램인 경우라고 할 수 있습니다.

이 경우 지원 예산이 큰 만큼 대학생들이 작성하고 신청하는 프로그램 계획서에 비해 작성해야 할 내용도 많고 매우 세부적인 사항까지 포함시켜야 하므로 다소 방대하다는 느낌을 받게 됩니다.

경우에 따라서는 전통적인 프로그램 계획서 작성 방법을 벗어나기도 하며, 주제나 목적 그리고 세부적인 활동내용의 연결성이 다소 부족하다는 인상을 주기도 합니다.

그럼에도, 이와 같은 봉사 프로그램이 선정되고 예산지원을 받는 이유는 봉사대상이나 지역주민의 욕구에 부합하고 프로그램 지원을 통해서 얻게 될 긍정적 효과 등에 주목하기 때문입니다. 즉, 프로그램 실시에 따른 영향력을 중요하게 생각합니다.

이런 맥락에서 대학생들도 다소 규모가 큰 봉사 프로그램 계획서를 참고하는 것도 도움이 될 것입니다. 대학생들의 봉사 프로그램이 지역주민이나 봉사대상자들에게 실질적으로 도움이 될 수 있을지 또는 어떤 영향을 미치게 될지를 가늠하기에 좋은 모델이 되어 줄 것입니다.

1. 신청사업 : 농촌재능나눔 활동지원사업
2. 사업개요

가. 사업명 : 함께 웃고 떠드는 농촌, 살아 숨쉬는 농촌의 문화 조성을 위한 지역주민과 함께하는 대학생 재능나눔 사업. 대학(one)과 마을(one)이 함께하는 '동고동락(同苦同樂)' one+(원 플러스) 마을 만들기

나. 사업목적 :

1) 대학 구성원인 대학생에게 자신의 지식·경험·기술 등 다양한 재능을 농촌마을 지역주민과 함께 하면서 상호 간 니즈(needs)와 욕구(wants)를 이해하고 충족할 수 있도록 함께 웃고 떠드는 세대 간 소통의 기회를 갖도록 함.
2) 미래를 이끌어 갈 대학생들에게 농심(農心)을 기리는 농촌 체험활동을 통해 농촌사회에 대한 이해와 도시와 농촌이 공존할 수 있는 창의적이고 혁신적인 아이디어 개발 및 공유하여 살아 숨쉬는 농촌문화를 조성하고자 함.
3) 대학생과 마을주민이 행복한 동행을 통해 농촌지역의 활력과 농촌의 미래를 함께 만들어 가는 지역사회 속에 존재하는 대학이 되고자 함.
4) 도시와 농촌, 대학과 농촌마을, 대학생과 농촌 지역주민이 함께하는 농촌재능나눔 특화마을 시범사업에 참여하여 지역사회에서의 대학교의 역할 증진과 농촌마을과 함께하는 재능나눔 문화조성의 필요성을 전파 및 확산하는 계기를 만들고자 함.

### 다. 주요사업내용

| 지원분야 | 사업내용 |
|---|---|
| 지역공동체 및 경제활성화 | ■ 살기좋은 농촌마을 조성 프로젝트(1)<br>* 역사기행 유적지 홍보영상 제작 및 마을 홍보 블로그 제작<br>- ○○북도 유형문화제 ○○호 ○○○○○○<br>- ○○북도 유형문화제 ○○호 ○○○○○○<br>- ○○○씨의 흔적 : ○○○○ 등<br>* 살기좋은 마을 홍보 영상 제작 및 '유튜브'를 통한 홍보<br>- 이야기가 있는 마을 홍보 블로그 제작 및 운영방법 교육<br>■ 농심(農心) 문화조성 프로젝트<br>* 농촌마을 주민의 농촌, 농업이 주는 의미 학습하기<br>* 대학생의 농촌체험 활동<br>(행복농촌-재미농촌 '팜스테이(Farm Stay)' 경험 나누기 / 농사짓기 등)<br>* 대학생의 로컬푸드(농산물) 판매 경험활동 |
| 주민건강 및 복지증진 | ■ 건강한 주민 만들기 프로그램<br>* 건강마사지 및 건강교실 운영<br>* 원예치료, 웃음치료, 레크리에이션 프로그램 운영<br>■ 행복한 주민 만들기 프로그램<br>* 세대 간 소통을 위한 행복한 대화 발표회<br>* 행복한 가족사진 촬영 및 장수사진 촬영 대회 운영 |
| 생활환경 및 마을환경 개선 | ■ 살기좋은 농촌마을 조성 프로젝트(2)<br>* 따스한 마을 '해바라기' 마을 벽화 그리기 활동<br>* 보금자리 도배 및 장판 교체 활동<br>* 깨끗한 마을 '푸르게 푸르게' 마을 환경정화활동 |
| 주민교육 및 문화증진 | ■ 생애주기별 주민 맞춤 교육<br>* 아동청소년 대상 : 방과후 문화 및 학습지원 / 진로코칭 '꿈을 펼쳐라'<br>- 인형극 공연 및 문화, 방과후 학습지원<br>- 진로상담 및 전공탐방 프로그램 운영<br>* 여성 및 노인 : 농촌지역주민의 건강한 삶을 위한 교육<br>* 지역주민 : 다문화 인식, 인권, 정신건강(자살예방) 교육<br>■ 모두가 즐기는 문화공연<br>* 대학생의 음악제 운영, 연극 및 인형극 운영<br>* 문화생활 증진을 위한 작은도서관 조성 : 도서 모으기 등 |

### 3. 세부사업내용

#### 가. 사업대상자

① 재능나눔인

- 참여자 모집방안
  - ○○대학교 및 사회봉사센터 홈페이지 게시판 재능봉사단 모집 홍보(7~10월)
  - ○○대학교 단과대학별 전공 학과장 및 봉사단 활동 안내 및 연계

| 연번 | 학과 | 프로그램 | 지도교수 | 참여학생수 |
|---|---|---|---|---|
| 1 | | 조리인과 함께하는 마음 | | 20명 |
| 2 | | Get it beauty | | 10명 |
| 3 | | 사회복지학전공 | | 10명 |
| 4 | | 의생활의 선봉 | | 12명 |
| 5 | | 실버 건강지킴이 | | 10명 |
| 6 | | 너랑나랑서랑 | | 10명 |
| 7 | | 아름드리 | | 32명 |
| 8 | | 찾아가는 인형극단 | | 16명 |
| 9 | | 젊은 새 이웃 | | 20명 |
| 10 | | 찾아가는 인형극단 | | 12명 |
| 11 | | 뷰티플 마인드 | | 10명 |
| 12 | | 영양전도사 | | 22명 |
| 13 | | 설리번 프로젝트 | | 14명 |
| 14 | | SP(Super Police) | | 20명 |
| 15 | | 창의 · 인성 캠프 | | 30명 |
| 16 | | 전문봉사 교육 및 봉사활동 | | 10명 |
| 17 | | 디퓨저와 화장품 만들기 | | 10명 |
| 18 | | 발란티스 봉사동아리 | | 20명 |
| 19 | | 음악댄스줄넘기 | | 15명 |
| 20 | | 메타러닝스쿨 | | 25명 |
| 합계 | | | | 328명 |

- ○○대학교 사회봉사센터 소속 사회봉사단 30명
- ○○대학교 전공연계 봉사활동 연계(○○개 학과 600여 명)
- ○○대학교 동아리/소모임 봉사활동 연계(30여 개 동아리/소모임 200여 명)
- ○○대학교 사범대학 교육봉사 및 열린학교 프로그램 연계
- ○○대학교 교직원 봉사단 및 봉사동아리 두레박 회원 30여 명
- ○○대학교 미래대학 사회복지학 전공 ○○○○봉사단 회원 173여 명

② 대상(수혜) 마을과 지역 내 아동복지시설(지역아동센터)

| 대상마을 | 마을대표 | 소재지 | 가구수(인원) | 선정사유 |
|---|---|---|---|---|
| ○○○리 마을 | ○○○<br>(이장) | | 80가구(100명) | 대학과 촌마을 연계 활동에 대한 높은 수요와 관심 |
| ○○○리 마을 | ○○○<br>(이장) | | 80가구(150명) | |
| **대상센터** | **기관대표** | **소재지** | **이용아동수(인원)** | **선정사유** |
| ○○○<br>지역아동센터 | ○○○<br>(센터장) | | 29명 | 문화, 학습 지원에 대한 아동욕구가 높음 |
| ○○○<br>지역아동센터 | ○○○<br>(센터장) | | 20명 | |

- 최종 마을 및 지역아동센터 선정 기준
  - 1순위 : 한국농어촌공사의 '2019 대학별 농촌재능나눔 특화마을 조성 시범사업'에 대한 이해와 대학과의 연계 필요성에 긍정적인 시각을 가진 ○○ 권역 내 마을 대표(이장과 복지시설장)와 지역주민의 욕구

- 2순위 : ○○대학교와 위치 접근성이 좋고 지역주민 대상의 건강, 복지, 문화 소외지역으로 판단되는 농촌마을
- 3순위 : ○○대학교 재학생의 거주지 및 추천 지역

• 최종 선정된 ○○리 마을과 ○○리 마을 배경
- 선정된 ○○리 마을(80가구 약 100명 거주)과 ○○리 마을(80가구 약 150명 거주)은 노년기 어르신이 중심이 되는 마을로 50대 부부 이상의 높은 연령층의 지역주민이 거주하는 마을이다. 2개의 마을에는 아동이 많지 않아 초등학교는 폐교되고 접근성이 떨어지는 면단위의 ○○초등학교에 재학 중이며, 지역아동센터도 없어 소수의 아동만 거주하며, 어르신 위주의 마을이라 타 지역과 비교하면 조용한 분위기이며, 농촌마을에 삶의 질을 높이기 위한 대학과의 연계를 통해 활력이 요구됨.

• 최종 선정된 ○○/○○ 지역아동센터 배경
- 선정된 ○○지역아동센터와 ○○지역아동센터는 마을 내 아동청소년을 위한 학습 및 문화적 자원에 대한 접근성이 떨어지는 소외지역으로, 지역아동센터의 두 센터장이 이용아동의 학습 및 문화지원에 대한 관심이 높고, 대학생과 아동의 긍정적 관계를 통해 모델링이 되어 건전한 성장에 영향을 주고 싶어 하는 열정이 높고, 농촌재능나눔 특화마을 조성에 대한 관심이 높았음.
- 선정된 지역아동센터와 대학과의 과거 인연에 의해 선행 경험이 있으며, 이용아동에게 낙인감이 아닌 대학생 형, 누나와의 라포 형성이 되어 다양한 문화, 학습 지원을 위한 프로

그램 운영과 지속적인 관계형성에 매우 긍정적으로 평가됨.

나. 사업 수행체계

1) 사업 수행체계

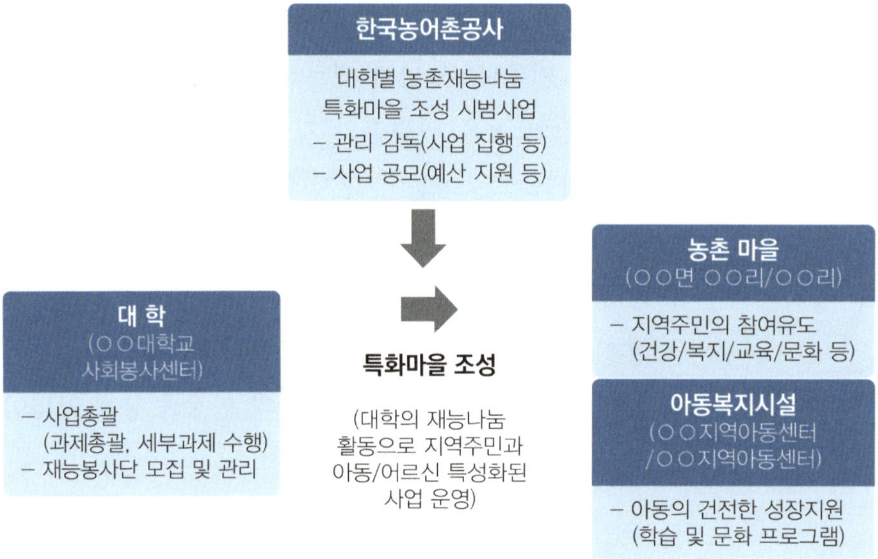

## 2) 기관 연계 협력 전략

| 협력기관명 | 세부 사업명 | 협력계획 | 비고 |
|---|---|---|---|
| 사회봉사센터 | 재능나눔인 모집 및 관리, 사업운영 | 재능나눔인 모집 홍보 및 프로그램 개발, 지원, 참여 마을 섭외 및 선정 | 사업총괄 |
| ○○면 행정복지센터 | 참여자 모집 및 관리 | 마을 섭외 및 참여자 모집 및 관리, 사업 홍보 등 | 관할 지자체 |
| ○○리 마을 | 참여자 모집 및 관리 | 프로그램 운영 장소 제공 사업 홍보 등 | 마을회관 |
| ○○리 마을 | 참여자 모집 및 관리 | 프로그램 운영 장소 제공 사업 홍보 등 | 경로당, 복지회관 |
| ○○지역아동센터 | 참여자 모집 및 관리 | 프로그램 운영 장소 제공 사업 홍보 등 | 기관내 · 외 |
| ○○지역아동센터 | 참여자 모집 및 관리 | 프로그램 운영 장소 제공 사업 홍보 등 | 기관내 · 외 |
| ○○노인복지관 | 주민건강 및 복지증진 프로그램 | 건강증진 프로그램 지원 | |
| 광역정신건강복지센터 | 주민교육 프로그램 | 교육자료 및 교육 지원 | |
| ○○시 내 작은도서관 | 문화증진 프로그램 | 작은도서관 운영노하우 교육 및 설명 | |

## 다. 사업내용 및 수행일정

| 사업내용 | 대상 마을 | 추진 일정 | 참여 인원 | 시행 횟수 | 수혜 인원 |
|---|---|---|---|---|---|
| 역사기행 유적지 문화탐방 홍보영상 제작 | | 7~8월 | 6 | 4 | 250 |
| 살기좋은 마을 홍보영상 제작<br>- 마을주민 인터뷰 및 아름다운 마을 촬영 등 | | 7~8월 | 6 | 4 | 250 |
| 이야기가 있는 마을홍보 블로그 제작<br>- 역사기행, 재미농촌/행복농촌 마을 영상 업로드<br>- 마을 관련 사진 및 이야기 자료 업로드 | | 7~8월 | 6 | 4 | 250 |
| 농촌마을 주민의 이야기 보따리 강연<br>농촌, 농업, 농촌살기 등 | | 7~9월 | 8 | 2 | 60 |
| 지역아동센터 창의인성 캠프 및 학습지원<br>지역아동센터 이용 아동 대상 진로체험 | | 7~10월 | 50 | 28회 | 560 |
| 농촌 일손돕기 봉사활동<br>- 농촌 일손돕기 및 로컬푸드(농산물) 판매해 보기 | | 7~10월 | 15 | 4 | 60 |
| 건강한 주민 만들기<br>- 건강검진, 건강마사지, 원예치료, 웃음치료 등 | | 7~10월 | 30 | 4 | 120 |
| 행복한 주민 만들기<br>- 가족사진 촬영 | | 7~9월 | 10 | 2 | 10가구 |
| 행복한 주민 만들기<br>- 장수사진 촬영 | | 7~9월 | 10 | 2 | 60 |
| 마을벽화 그리기 활동<br>- 마을주민 수요조사를 근거로 그림 주제선정, 그리기 | | 8~9월 | 25 | 1 | 40 |
| 보금자리 환경개선활동<br>- 보금자리 장판 및 도배 교체 | | 8~10월 | 10 | 3 | 3가구 |
| 마을 환경정화활동<br>- 마을 쓰레기 줍기 및 오염원 제거 등 | | 7~10월 | 20 | 2 | 80 |
| 생애주기별 주민 맞춤 교육<br>- 지역주민 대상 교육(지역주민, 성별 구분) | | 7~8월 | 15 | 2 | 60 |
| 문화공연<br>- 음악제(난타 등), 연극 및 인형극 운영 | | 8~10월 | 40 | 2 | 120 |
| 작은도서관 조성<br>- 도서 모으기 및 도서 정리 | | 7~10월 | 10 | 1 | 40 |

## 라. 세부 추진일정

| 회차 | | 추진일자 | 활동내용 | 비고 |
|---|---|---|---|---|
| 준비 단계 | | 6월 10일 | 2019년 대학별 농촌재능나눔 특화마을조성 사업에 대한 관계자 회의 | 사회봉사센터 |
| | | 6월 14일 | 마을 선정 및 대학 관계자 회의, 최종확정 | |
| | | 6월 17일 | 2019년 대학별 농촌재능나눔 특화마을조성 시범사업 신청서 제출 | |
| | | 7월 5일 ~ 26일 | 추가 마을 선정 및 지역아동센터 2곳 선정, 세부 일정사항 협의 진행 | |
| 실행단계 | 3회차 | 8월 1,2,3,4주 〈기획 및 촬영〉 9월 1,2,3,4주 〈제작 및 편집〉 | 역사기행 유적지 문화탐방 홍보영상 제작 | 8월, 9월 제작 |
| | | | 살기좋은 마을 홍보영상 제작 | |
| | | | 이야기가 있는 마을홍보 블로그 제작, 관리 | |
| | 1,2회차 | 8월 24일 〈토〉<br>9월 21일 〈토〉 | ○○리 농촌마을 주민의 이야기 보따리 강연<br>○○리 농촌마을 주민의 이야기 보따리 강연 | 3회 실시 |
| | 4회차 | 9월 23일 ~ 10월 25일 〈4회 참여〉 〈협의 후 결정〉 | ○○리 농촌 일손 돕기 활동 및 로컬푸드 판매<br>○○리 농촌 일손 돕기 활동 및 로컬푸드 판매 | 4회 실시 |
| | 1회차 | 7월 29일 ~ 8월 2일 | ○○지역아동센터 창의인성 캠프 프로그램 운영 | 5회 실시 |
| | 2회차 | 9월 ~ 10월 〈주 2회〉 | ○○지역아동센터 학습지원 프로그램 운영 | 8회 실시 |
| | 1회차 | 7월 29일 ~ 8월 2일 | ○○지역아동센터 창의인성 캠프 프로그램 | 5회 실시 |
| | 2회차 | 9월 ~ 10월 〈주 2회〉 | ○○지역아동센터 학습지원 프로그램 운영 | 8회 실시 |
| | 1회차 | 10월 첫 주 | ○○, ○○지역아동센터 이용 아동대상 진로체험 〈○○대학교 진로교육센터〉 | 2회 |
| | 4회차 | 8월 ~ 10월 〈협의 후 결정〉 | ○○리 건강한 주민 만들기 및 체험프로그램<br>〈○○노인복지관 건강관리프로그램 진행〉<br>〈○○대학교 학과 연계 건강상담 및 관리프로그램 진행〉 | 4회 실시 |
| | 2회차 | 8월 17일 〈토〉<br>10월 19일 〈토〉 | ○○리 – 행복한 주민 만들기 가족사진<br>○○리 – 행복한 주민 만들기 장수사진 촬영 | 4회 실시 |
| | 1회차 | 9월, 10월 | 마을 벽화 그리기 활동 〈1곳 선정〉 작업 | 3회 |

| 회차 | | 추진일자 | 활동내용 | 비고 |
|---|---|---|---|---|
| 실행단계 | 2회차 | 8월 ~ 10월<br>〈협의 후 결정〉 | 보금자리 환경개선활동<br>- 4개 가구 선정 진행 | 4회<br>실시 |
| | 4회차 | 8월 ~ 10월<br>〈협의 후 결정〉 | 마을 환경정화활동 | 4회<br>실시 |
| | 4회차 | 8월 ~ 9월<br>〈협의 후 결정〉 | 생애주기별 주민 맞춤 교육 | 2회<br>실시 |
| | 2회차 | 9월 ~ 10월<br>〈협의 후 결정〉 | 문화 공연(음악제, 연극, 인형극 운영) | 2회<br>실시 |
| | | 7월 ~ 9월 | 작은도서관 도서 모으기 및 개관준비 | |
| 종결단계 | | 10월 17일 | 농촌재능나눔 특화마을 조성사업보고서 작성 | 사회<br>봉사<br>센터 |
| | | 10월 24일 | 농촌재능나눔 특화마을 조성사업보고회 | |

## 4. 사업관리

### 가. 자체 모니터링 계획

#### 1) 산출목표

| 세부 사업명 | 산출목표 | | 모니터링 방법 |
|---|---|---|---|
| 지역공동체 및 경제활성화 프로그램 | 살기좋은 농촌마을 만들기 | 6명×4회기×2개 마을, 총48명<br>6명×4회기×2개 마을, 총48명<br>4명×2회기×2개 마을, 총16명<br>6명×4회기×2개 마을, 총48명 | 운영일지 결과물 (영상, 블로그) |
| | 농심 문화조성 만들기 | 30명×2회기×2개 마을, 총120명 | |
| 주민건강 및 복지증진 프로그램 | 건강한 주민 만들기 | 30명×2회기×2개 마을, 총120명 | 운영일지 프로그램 만족도 설문지 |
| | 행복한 주민 만들기 | 10명×2회기×2개 마을, 총40명 | |
| 생활환경 및 마을환경개선 프로그램 | 마을벽화 그리기 | 25명×3회기×1개 마을, 총75명 | 운영일지 전후사진 프로그램 만족도 설문지 |
| | 보금자리 도배 및 장판 교체 | 10명×2회기×2개 마을, 총40명 | |
| | 마을 환경정화활동 | 20명×4회기×2개 마을, 총160명 | |
| 주민교육 및 문화증진 프로그램 | 생애주기별 주민맞춤 교육 | 15명×4회기×2개 마을, 총120명 | 결과보고서 결과물 (이용자 별도) |
| | 문화공연 | 40명×3회기×2개 마을, 총240명 | |
| | 지역사회 지식나눔 증진 | 10명×4회기×2개 마을, 총80명 | |
| | 학습 및 문화 프로그램 운영 | 30명×5회기×2기관, 총300명<br>10명×8회기×2기관, 총160명 | |
| | 진로체험 활동 | 40명×2회기×2기관, 총160명 | |

2) 성과목표 및 평가방법

| 성과 목표 | 평가도구 및 방법 | 측정 시기 |
|---|---|---|
| 대학과 농촌마을이 함께하는 프로그램을 통해 공동체 마을 만들기와 경제 활성화의 긍정적인 변화를 가져온다. | ▪ 마을 대표 및 참여자 포커스 인터뷰<br>- 반응 모니터링 | 종결 |
| 지역주민의 건강 및 복지, 교육과 문화증진을 통해 건강하고 행복한 주민으로 살아갈 수 있다. | ▪ 대학의 농촌재능나눔 참여 소감문<br>- 정신건강(행복) 사전, 사후검사<br>- 재능나눔 활동 만족도 설문조사<br>- 참여 소감문 | 사전 -<br>사후<br>사후<br>종결 |
| 대학생의 농촌재능나눔 체험활동을 통한 농심(農心)을 갖고 농촌의 미래를 함께할 수 있는 구성원을 양성한다. | ▪ 농촌재능나눔 체험활동 소감문<br>- 재능나눔 활동 만족도 설문조사<br>- 참여 소감문 | 사후<br>종결 |
| 생활환경 및 마을환경 개선을 통해 살기 좋은 마을을 만든다. | ▪ 실시 전과 실시 후의 사진촬영<br>- 비교사진을 통한 성과 확인 | 사전 -<br>사후 |

나. 사업지원 종료 후 활동계획

1) 마을 자원조사 및 주민 수요조사에 의한 마을발전 계획 컨설팅 자료의 발표회 및 지자체의 관련 사업 신청 시 기초 자료로 활용함.

2) 마을 특산물(농산물) 홍보 및 문화관광 역사 기행 영상의 블로그를 통한 지속적인 마케팅 진행 지원과 교내·외 농산물 판매 홍보 등 온라인·오프라인 소통 등을 통한 대학과 마을의 상생 프로젝트 지속적으로 관리함.

3) 마을주민의 건강하고 행복한 삶의 유지를 위한 정기적인 마을 환경 개선 및 주민교육, 문화증진 등의 봉사활동을 지원함.

4) 선정된 마을과 지역주민 그리고 지역아동센터 이용아동과의 지속적인 관계 유지를 위한 대학과 마을 간(지역아동센터) MOU 협약을 체결하고 대학과 마을이 상생할 수 있는 프로젝트(교직원과 재학생의 참여)를 시행함.

다. 사업지원현황

○ 유사사업에 대한 타 부처 등 지원현황

| 사 업 명 | 지원기관 및 부처 | 지원금액(천원) | 지원년도 |
|---|---|---|---|
| 농촌재능나눔사업 | 대학사회봉사협의회 | 3,000 | 2016년 |
| 농촌재능나눔 대학생활동지원 프로그램 | YMCA | 3,000 | 2017년 |
| 농촌재능나눔사업 | 대학사회봉사협의회 | 4,000 | 2018년 |
| 농촌재능나눔사업-선발 (사업진행 중) | 대학사회봉사협의회 | 4,500 | 2019년 |

## 5. 소요예산

(단위:천원)

<table>
<tr><th>사업내용</th><th>예산<br>비목</th><th></th><th>금액</th><th>세부산출내역 (예시)</th></tr>
<tr><td>총 계</td><td>합계</td><td></td><td>3,390</td><td></td></tr>
<tr><td>지역공동체<br>경제활성화</td><td>계</td><td></td><td>3,390</td><td></td></tr>
<tr><td rowspan="5"></td><td rowspan="5">직접비</td><td>소계</td><td>3,090</td><td></td></tr>
<tr><td>재료비</td><td>500</td><td>※ 살기좋은 농촌마을 프로젝트(1)<br>- 영상저장 외장 HDD 1EA = 200,000<br>※ 농사참여 및 농촌 일손 돕기<br>- 소모품 100,000*3회 = 300,000</td></tr>
<tr><td>식 대</td><td>1,720</td><td>※ 살기좋은 농촌마을 프로젝트(영상)<br>- 촬영 10,000*6명*4회 = 180,000<br>- 편집 10,000*6명*4회 = 180,000<br>※ 살기좋은 농촌마을 프로젝트(강연)<br>- 강연 10,000*4명*4회 = 160,000<br>※ 농심문화 조성 만들기(농촌일손)<br>- 일손 10,000*30명*4회 = 1,200,000</td></tr>
<tr><td>교통비</td><td>730</td><td>※ 살기좋은 농촌마을 프로젝트(영상)<br>- 차량임차 80,000*4회 = 320,000<br>※ 살기좋은 농촌마을 프로젝트(강연)<br>- 유류비 20,000*4회 = 80,000<br>※ 농심문화 조성 만들기(농촌일손)<br>- 차량임차 330,000*1회 = 330,000<br>●대학차량 지원 요청 2회●<br>- 유류비 지원 20,000*2회 = 40,000</td></tr>
<tr><td>홍보비</td><td>140</td><td>※ 플래카드 제작<br>700,000×2회 = 140,000</td></tr>
<tr><td rowspan="2"></td><td rowspan="2">운영비</td><td>소계</td><td>200</td><td></td></tr>
<tr><td>회의비</td><td>300</td><td>※ 회의비<br>- 150,000*2회 = 300,000</td></tr>
</table>

| 사업내용 | 예산<br>비목 | | 금액 | 세부산출내역 (예시) |
|---|---|---|---|---|
| **총 계** | 합계 | | 8,670 | |
| 주민건강<br>복지증진 | 계 | | 8,670 | |
| | 직접비 | 소계 | 8,270 | |
| | | 재료비 | 5,900 | ※ 건강한 주민 만들기<br>- 건강검진, 건강마사지, 원예치료, 웃음치료<br>체크시트 구입 300,000*4회 = 1,200,000<br>건강마사지〈크림 등〉 200,000*4회 = 800,000<br>※ 원예치료, 웃음치료, 레크리에이션<br>- 100,000*1회〈재료구입〉 = 100,000<br>※ 행복한 주민 만들기〈가족사진〉<br>- 200,000*10가구 = 2,000,000<br>※ 행복한 주민 만들기〈장수사진〉<br>- 30,000*60명 = 1,800,000 |
| | | 식 대 | 1,400 | ※ 건강한 주민 만들기<br>- 10,000*25*4회 = 1,000,000<br>※ 행복한 주민 만들기〈가족사진〉<br>- 10,000*10명*2회 = 200,000<br>※ 행복한 주민 만들기〈장수사진〉<br>- 10,000*10명*2회 = 200,000 |
| | | 교통비 | 760 | ※ 건강한 주민 만들기<br>- 차량임차 330,000*2회 = 660,000<br>●대학차량 지원 요청 2회●<br>- 유류비 지원 20,000*2회 = 40,000<br>※ 행복한 주민 만들기〈가족사진〉<br>- 유류비 30,000*2회 = 60,000 |
| | | 홍보비 | 210 | ※ 플래카드 제작<br>- 700,000×3회 = 210,000 |
| | 운영비 | 소계 | 400 | |
| | | 회의비 | 400 | - 회의비 200,000×2회 = 400,000 |

| 사업내용 | 예산 비목 | | 금액 | 세부산출내역 (예시) |
|---|---|---|---|---|
| **총　계** | 합계 | | 9,680 | |
| 생활환경 및 마을환경 개선 | 계 | | 9,680 | |
| | 직접비 | 소계 | 9,280 | |
| | | 재료비 | 7,400 | ※ 마을벽화 그리기<br>- 벽화 그리기 1,000,000×1회 = 1,000,000<br>※ 보금자리 도배 및 장판 교체<br>- 도배/장판 1,500,000×4가구 = 6,000,000<br>※ 깨끗한 마을 '푸르게 푸르게'<br>- 환경정화활동 200,000×2 = 400,000 |
| | | 식 대 숙박비 | 1,000 | ※ 마을벽화 그리기<br>- 10,000*20명*3회 = 600,000<br>※ 보금자리 도배 및 장판 교체<br>- 10,000*10명*4 = 400,000 |
| | | 교통비 | 740 | ※ 마을벽화 그리기<br>- 차량임차 330,000*1회 = 330,000<br>●대학차량 지원 요청 2회●<br>- 유류비 지원 20,000*2회 = 40,000<br>※ 보금자리 도배 및 장판 교체<br>- 차량임차 165,000*2회 = 330,000<br>●대학차량 지원 요청 2회●<br>- 유류비 지원 20,000*2회 = 40,000 |
| | | 홍보비 | 140 | ※ 플래카드 제작<br>70,000×2회 = 140,000 |
| | 운영비 | 소계 | 400 | |
| | | 회의비 | 400 | - 회의비 200,000*2회 = 400,000 |

| 사업내용 | 예산 비목 | | 금액 | 세부산출내역 (예시) |
|---|---|---|---|---|
| **총　계** | 합계 | | 8,260 | |
| 주민교육 및 문화증진 | 계 | | 8,260 | |
| | 직접비 | 소계 | 8,060 | |
| | | 재료비 | 4,800 | ※ 학습 및 문화프로그램〈학습지원〉 |

| 사업내용 | 예산 비목 | | 금액 | 세부산출내역 (예시) |
|---|---|---|---|---|
| | | | | - 교재제작 1,000,000×1회 = 1,000,000<br>※ 학습 및 문화프로그램〈창의인성캠프〉<br>- 교보재 구입 2,000,000*1회 = 2,000,000<br>※ 생애주기별 주민 맞춤교육<br>- 다과 100,000*1회 = 100,000<br>※ 다문화, 인권, 인식 정신건강 교육<br>- 다과 100,000*1회 = 100,000<br>※ 문화공연(음악제, 연극제, 인형극, 난타)<br>- 공연 준비 400,000*2회 = 800,000<br>〈공연복 및 공연도구 준비〉<br>- 서원복지관 공연 300,000*2회 = 600,000<br>※ 작은도서관 조성/도서 모으기<br>- 500,000*2회 = 1,000,000 |
| | | 식 대 | 2,110 | ※ 학습 및 문화프로그램〈창의인성캠프〉<br>- 10,000*15명*5회 = 750,000<br>※ 학습 및 문화프로그램〈학습지원〉<br>- 10,000*5명*8회*2기관 = 800,000<br>※ 생애주기별 주민 맞춤교육<br>- 10,000*5명*2회 = 100,000<br>※ 문화공연(음악제, 연극제, 인형극, 난타)<br>- 10,000*25명*2회 = 500,000<br>※ 작은도서관 조성/도서 모으기<br>- 10,000*8명*2회 = 160,000 |
| | | 교통비 | 810 | ※ 학습 및 문화프로그램〈창의인성캠프〉<br>●대학차량 지원 요청 5회●<br>- 유류비 지원 20,000*5회 = 100,000<br>※ 학습 및 문화프로그램〈학습지원〉<br>●대학차량 지원 요청 16회●<br>- 유류비 지원 20,000*15회 = 300,000<br>※ 생애주기별 주민 맞춤교육<br>- 유류비 30,000*2회 = 60,000<br>※ 문화공연(음악제, 연극제, 인형극, 난타)<br>- 차량임차 330,000*1회 = 330,000<br>●대학차량 지원 요청 1회●<br>- 유류비 지원 20,000*1회 = 20,000 |
| | | 홍보비 | 140 | ※ 플래카드 제작 70,000*2회 = 140,000 |
| | 운영비 | 소계 | 400 | |
| | | 회의비 | 400 | 회의비 200,000*2회 = 400,000 |

# 참고문헌


박재숙(2014). 대학생 교양을 위한 사회봉사의 이해. 경기: 공동체.

이상수(2006). Basic 고교생을 위한 사회용어사전. 서울: ㈜신원문화사.

유동철 · 이미라 · 박소연(2011). 대학생을 위한 사회봉사의 이해. 경기: 양서원.

송진영 · 박민자(2020). 대학생을 위한 사회봉사의 이해와 활용. 경기: 지식공동체.

진복수 · 김이영(2002). 인간 이해와 상담. 거성.

한국대학자원봉사협의회(2012). 2012년 대학자원봉사 정책토론회 자료.

한국사회복지사협의회(1997). 자원봉사 프로그램 백과, 제3권 아동 · 청소년.

1365 자원봉사포털 https://www.1365.go.kr/vols/main.do

그린피스 https://www.greenpeace.org/korea/

사회복지자원봉사 인증관리 https://www.vms.or.kr/main.do

서울동행 https://www.donghaeng.seoul.kr

서원대학교 사회봉사센터 https://www.seowon.ac.kr/ssc/index.do

세종특별자치시인재육성평생교육진흥원
https://www.sjhle.or.kr/index.do?condition=dms

월드비전 https://www.worldvision.or.kr

한국사회적기업진흥원 https://www.socialenterprise.or.kr/index.do

한국자원봉사문화 http://volunteeringculture.or.kr/archives/576

협동조합 https://www.coop.go.kr

TV조선뉴스(2022.01.04.). 경찰서에 저금통 놓고 '후다닥'...게임기 대신 기부한 형제.
http://news.tvchosun.com/mobile/svc/osmo_news_detail.html?contid=2022010490134

https://www.youtube.com/watch?v=w_Vrgu1-X-E

## 저자소개

### ■ 서대석

현) 서원대학교 미래대학 사회복지학과 조교수
전) 청주서원노인복지관 관장
국민연금공단 연구위원
국제사이버대학교 사회복지학과 겸임교수
미션노인요양원 원장
군자종합사회복지관 과장
한국자살예방협회 과장
숭실대학교 대학원 사회복지학 석사
한남대학교 대학원 사회복지학 박사

### ■ 오봉욱

현) 서원대학교 미래대학 사회복지학과 조교수
청주서원노인복지관 관장
전) 경기과학기술대학교 사회복지과 조교수
국제사이버대학교 사회복지학과 실습전담교수
김포대학교 사회복지과 조교수
초록반디의 집 원장
서울 동작구 자원봉사센터 사회복지사
가톨릭대학교 대학원 사회복지학 석사
가톨릭대학교 대학원 사회복지학 박사

대학생이 만드는

# 사회봉사론

**초판 1쇄 인쇄** / 2022년 6월 8일
**초판 1쇄 발행** / 2022년 6월 15일

•

**공저자** / 서대석 · 오봉욱
**발행인** / 이 중 수
**발행처** / **동 문 사**

•

서울특별시 서대문구 홍제원 1길 12
(홍제동 137-8)
Tel : 02)736-3718(대), 736-3710, 3720
Fax : 02)736-3719
**등록번호** : 1974.04.27 제9-17호
**가격** : 14,000원

•

ISBN : 979-11-6328-402-4(93330)
E-mail : dong736@naver.com
www.dongmunsa.com